GOOD HEIDI Production
présente

SO SWEET KITCHEN

RECETTES À DÉGUSTER
Emmanuel Delaby

PHOTOS À REGARDER
Sabrina Friio

TEXTES À SAVOURER
Xavier Casile

« Le propre de la nouvelle
le portefeuille sans remp
Philippe Bouvard

« C'est en cuisinant n'im
qu'on devient n'importe
Un inconnu

« Pourquoi l'image d'un
ne correspond jamais au
Loi de Murphy

« La meilleure des rece
Louis Delaby

cuisine est de vider
ir l'estomac.»

porte comment
qui.»

ivre de cuisine
ésultat final ?»

tes est la fantaisie.»

EMMANUEL DELABY. UN CHEF QUI FAIT RECETTE.

Mon premier souvenir de Emmanuel, Manu pour les intimes, ce sont des ravioles rouges en forme de cœur pour l'anniversaire d'une amie. Puis un dîner sushis à la maison. Je me souviens encore de notre virée en scooter dans les épiceries des Pâquis à Genève… Moi derrière portant les bières japonaises et lui conduisant avec le poisson et le riz entre les cuisses ! On se serait cru dans le film « Vacances romaines » : il conduisait comme un italien en klaxonnant toutes les filles du parcours. Mais Manu est aussi mon partenaire sur les courts de tennis. Ou plutôt devrais-je dire mon adversaire : quand il me bat, c'est moi qui doit passer aux fourneaux !

Xavier Casile. D'où vient ce goût pour la cuisine ?
Emmanuel Delaby. Il vient du goût pour la présentation, de l'originalité et de la liberté d'expression.

Comment as-tu commencé la cuisine ?
Le jour où mon père m'a servi un melon au porto ! Je le trouvais basique et pas aussi bien présenté qu'au restaurant. Alors je me suis piqué au jeu et je m'y suis mis ! J'avais 8 ans.

Comment ton goût s'est-il affiné ?
À chaque fois que je mangeais à la maison ou au restaurant, j'imaginais comment rendre le plat plus beau, plus présentable. Ayant grandi dans le sud de la France, puis à Lyon, la base était saine !

Tu fais tes études hôtelières à Lyon et là tu découvres vraiment la cuisine.
Oui car je suis arrivé très vite en Suisse, à 19 ans. C'est à Zurich que j'ai découvert la cuisine suisse mais aussi italienne ou asiatique avec tous ces restaurants. C'est vraiment une ville ouverte sur le monde. Ma curiosité a été rassasiée !

Ton premier souvenir de la cuisine suisse ?
Les röstis !

Où travaillais-tu ?
J'ai travaillé chez Gamma pendant 7 ans, un traiteur-événementiel. Entre des repas d'affaires ou des soirées mondaines à Genève, Bâle et Zurich, j'ai appris que la clientèle suisse est une clientèle exigeante mais aussi très curieuse.

Et aujourd'hui ?
Je suis le chef de cuisine du Flux Laboratory à Carouge, un lieu de création, un espace expérimental de rencontres entre toutes sortes d'artistes. Cela nourri ma créativité !

Où fais-tu tes courses ?
Comme tout le monde : je vais chez Migros et Coop. Mais j'ai un faible pour le rayon charcuterie et poisson de Manor. J'ai aussi un réseau de petits producteurs et d'artisans passionnés comme David Paganel à Genève.

Qu'est-ce-que je trouverai toujours dans ton réfrigérateur ?
Du fromage et de la charcuterie !

Quel est le plat que tu peux faire les yeux fermés ?
Le bœuf au soja et au wazabi avec une salade verte !

Quelle est ta marque alimentaire suisse préférée ?
Tous les Gruyères !

Où vas-tu dîner ?
À l'Auberge de l'Étoile à la Rippe à St-Cergue. Le chef Grégoire Mercier sait comme personne allier la tradition de la gastronomie française aux produits du terroir suisse.

Pourquoi ce livre «So Sweet Kitchen» ?
Parce que l'on peut vraiment, avec un peu d'imagination, faire de bons petits plats avec des produits de tous les jours ! Qu'est-ce-que je peux faire avec du Cenovis, de la mayonnaise Thomy, des chips Zweifel ou des bonbons Ricola ? C'est ça l'idée. Je veux aussi rendre à la Suisse ce qu'elle m'a donnée et offerte.

1. BENTO SIGG DE SILZERLI AU PARFAIT.
2. CAVIAR SUISSE AU CENOVIS ET OEUF À LA COQUE.
3. BIRCHER MÜESLI EMMI AUX FRUITS ROUGES.
4. TRESSE AU BEURRE À LA PAGANELLA.
5. MASCARPOCCINO AU NESPRESSO.
6. MINI-CROUSTADES DE FONDUE GERBER.
7. BOUCHÉES DE SAUCISSE DE VEAU ET LARD FUMÉ.
8. RISOTTO BALLS AU GRUYÈRE JEUNE FONDANT.
9. SAMOSSAS DE PAPET VAUDOIS.
10. TEMPURA DE FILETS DE PERCHE ET CHIPS AU WASABI.
11. MINI-BROCHETTES AU POULET YASSA ET CUBE MAGGI.
12. MOUSSE DE TRUITE ET SAUMON FUMÉ SUR DAR-VIDA.
13. COPEAUX À GOGO AVEC L'ÉPLUCHEUR REX DE ZENA.
14. VELOUTÉ DE POIREAUX AUX PORTIONS GALA.
15. SOUFFLÉ AU SCHABZIGER.
16. TARTARE DE THON AU SÉSAME ET WASABI.
17. SALADE CROQUANTE AU GRUYÈRE SALÉ.
18. CRUMBLE DE ZWIEBACK AUX ENDIVES ET AU BLEU.
19. TOMME DE MOLESON EN FEUILLETÉ.
20. ESPADON FUMÉ AU RAIFORT THOMY.
21. PAIN PERDU AU FROMAGE À RACLETTE.
22. SALADE JURASSIENNE À LA TÊTE DE MOINE.
23. BUNDER SPÄTZLIS.
24. BOEUF SIMMENTAL ET BEURRE À L'AIL D'OURS.
25. BEER CAN CHICKEN.

26. ESPUMA DE STOCKI AUX CREVETTES ET SAINT-JACQUES.
27. ÉMINCÉ ZURICHOIS À LA SRI LANKAISE.
28. TRIPLE CHOC KAMBLY.
29. MOUSSE DE DOUBLE CRÈME CREMO.
30. OVO CHEESECAKE.
31. MOUSSE DE LÄCKERLI AU GRAND MARNIER.
32. MUFFINS AUX BONBONS HALTER.
33. CRÈME BRÛLÉE AU TOBLERONE.
34. MERINGUES HUG AUX OEILLETS ALPINS CRISTALLISÉS.
35. CROSTATA À LA CONFITURE HERO.
36. TIRAMISU DE FRUITS ROUGES ET BÂTONS AU KIRSCH.
37. SUCETTES GLACÉES AU CHOCOLAT CAILLER.
38. BARBE À PAPA AU RICOLA.
39. MERVEILLES DE CARNAVAL AUX FRUITS ET CHANTILLY.
40. GLACE À L'EAU GRAPILLON FAÇON MR FREEZER.
41. SALADE DE FRUITS DES ÎLES PARFUMÉE À L'AMIGNE.
42. CRÈME GLACÉE ET FRUITS MARINÉS À LA GRAPPA.
43. SABAYON À LA WILLIAMINE ET POIRE VANILLÉE.
44. MILK-SHAKE AU LAIT HEIDI.
45. GRANITÉ DE MELON À L'ABSINTHE LA CLANDESTINE.
46. ROCKET DAIQUIRI À LA VODKA XELLENT.
47. CRUSHED GINGER À LA VALSER.
48. COCKTAIL «APPLEZELLER» AU RAMSEIER.
49. COSMOPOLITAN AU JUS DE FRUITS MICHEL.
50. «EL GRINGO TICINO» À LA GAZOSA.

1.
BENTO SIGG DE SILZERLI AU PARFAIT.

🍲 5 minutes	Difficulté : 1/6	
🍽 Plat froid	Midi	
😊 8 personnes	🐷 CHF 10.-	

INGRÉDIENTS
(Pour 8 mini-sandwiches)
- 8 petits pains style Bretzel ou Délice
- 1 tube de Le Parfait de 200 gr
- Salade verte
- Germes d'oignon Chirat
- Bento SIGG (CHF 30.-)

C'EST QUOI L'IDÉE ?
Confectionnez sur le pouce le plus typique des sandwiches suisses avec cette légendaire pâte à tartiner Le Parfait. Été comme hiver, il est idéal pour les courses d'école ou les courses en peau de phoques !

PROGRESSION
1. Taillez vos petits pains.
2. Superposez la salade, Le Parfait et les pousses d'oignon.
3. Refermez les petits pains.

LE CONSEIL DE MANU...
Si vous devez partir en week-end ou en pique-nique, transportez vos petits sandwiches dans une boîte-repas bento SIGG, solide et légère !

2. CAVIAR SUISSE AU CENOVIS ET ŒUF À LA COQUE.

- 30 minutes
- Plat froid
- 8 personnes
- Difficulté : 4/6
- Petit déjeuner ou dîner
- CHF 10.-

C'EST QUOI L'IDÉE ?
Pour les curieux de cuisine moléculaire, voici une recette simple que vous pourrez adapter à tous les autres produits et plus spécifiquement à ce produit entièrement naturel et riche en vitamine B1 : le Cenovis. L'important étant surtout la précision et le matériel adéquat… On y va ?

INGRÉDIENTS
- 40 g de Cenovis
- 16 cl de bouillon de légumes
- 1,8 g d'alginate
- 0,5 l d'eau
- 4,2 g de calcium
- 8 œufs
- Fleur de sel et poivre du moulin

PROGRESSION
1. Mixez le Cenovis avec le bouillon, puis ajoutez l'alginate et mixez encore une fois.
2. Ajoutez le calcium à l'eau et mixez dans un saladier.
3. À l'aide d'une seringue à grosse section ou d'une pipette, prélevez le jus de Cenovis et laissez «tomber» des gouttes dans le saladier; attendez 20 secondes, puis retirez les billes avec une étamine et rincez dans un bain d'eau froide.
4. Laissez égoutter et servez votre caviar avec un œuf (3 minutes).
5. Assaisonnez à la fleur de sel et poivre du moulin.

LE SECRET DE MANU…
Munissez-vous d'une balance de précision et d'un kit de sphérification que vous trouverez facilement sur internet pour environ CHF 50.-

3. BIRCHER MÜESLI EMMI AUX FRUITS ROUGES.

10 minutes	Difficulté : 2/6
Plat froid	Dessert
8 personnes	CHF 12.-

INGRÉDIENTS

- 500 g de müesli
- 400 g de yogourt Emmi aux baies des bois
- 1 grenade
- 100 g de canneberges confites
- 1 citron
- 1 dl de lait Heidi
- 3 cuillerées à soupe de miel

C'EST QUOI L'IDÉE ?

Le zurichois Maximilian Oskar Bircher-Benner a donné naissance en 1900 au Bircher müesli. En fait, «musli» veut littéralement «petite purée» ! Voilà une recette revisitée aux fruits des bois et au yogourt Emmi. Sachez que le nom de la marque «Emmi» vient de la localité «Emmen», située à proximité de Lucerne. Vous en savez des choses maintenant !

PROGRESSION

1. Mélangez le miel et le jus d'un citron, puis le lait au fouet.
2. Ajoutez le müesli et le yogourt aux baies des bois, puis réservez le tout au frais 20 minutes.
3. Ajoutez les canneberges et les grains de grenade au moment de servir.
4. Une fois cette étape maîtrisée, vous pourrez attaquer !

L'ASTUCE DE MANU...

Utilisez un müesli croustillant afin de pouvoir le consommer rapidement, sans attendre qu'il devienne de la purée (celui de la Migros est parfait). Éssayez aussi ce dessert avec les 25 parfums de yogourt Toni; vous savez, celui qui a un pot en verre ! Ils sont à tomber.

4. TRESSE AU BEURRE À LA PAGANELLA.

- 40 minutes
- Viennoiserie
- 8 personnes
- Difficulté : 3/6
- Petit dej/goûter
- CHF 10.-

C'EST QUOI L'IDÉE ?

Il était temps de la réinventer; vous en avez rêvé ? Le chef genevois David Paganel l'a fait ! Voici donc la pâte à tartiner au chocolat Paganella et sa fameuse tresse au beurre. D'ici peu, au petit déjeuner ou au goûter, vos enfants vous demanderont : «Le Nutella n'est plus là ?» Non et voilà pourquoi...

INGRÉDIENTS

- 1 kg de farine fluide
- 42 g de levure en cube
- 6 dl de lait
- 1 jaune d'œuf
- 100 g de beurre fondu, refroidi
- 1 cuillère à soupe de sel
- 6 cuillères à soupe de sucre
- 1 pot de Paganella

PROGRESSION

1. Mélangez le sel, le sucre et la farine dans un grand saladier.
2. Délayez la levure dans un peu de lait chaud jusqu'à ce qu'il n'y ait aucun grumeau, puis ajoutez le reste du lait et le beurre.
3. Mélangez le tout et pétrissez jusqu'à homogénéisation de la pâte.
4. Partagez en 3 et façonnez une tresse. Laissez lever 15 minutes sur une feuille de papier sulfurisé et badigeonnez de jaune d'œuf, puis enfournez 45 minutes à 200° dans un four déjà préchauffé.

LE SECRET DE MANU...

Cette délicieuse pâte à tartiner n'est pour l'instant vendue qu'à Genève ; en voilà une bonne raison pour venir vous la procurer à un jet de pierre du jet d'eau !

5. MASCARPOCCINO AU NESPRESSO.

10 minutes	Difficulté : 2/6	
Chaud/Froid	Dessert	
8 personnes	CHF 9.-	

C'EST QUOI L'IDÉE ?
Vous aimez le café ? Vous allez être servis ! Découvrez une recette rapide et savoureuse pour un capuccino au Nespresso encore plus onctueux. Avec au choix les capsules rouges pour un Decaffeinato et les bleues pour un Vivalto.

INGRÉDIENTS

- 250 g de mascarpone
- 125 ml de lait entier Heidi
- 50 g de sucre
- Capsules de Nespresso Lungo au choix
- Poudre de cacao

PROGRESSION
1. Chauffez le lait avec le sucre jusqu'à ébullition.
2. Fouettez le mascarpone dans une jatte et incorporez le lait jusqu'à ce que la masse soit lisse.
3. Versez le tout dans un siphon et laissez refroidir avant de le fermer. Ensuite, ajoutez une cartouche de gaz et agitez. Réservez au frais 2 heures.
4. Agitez le siphon une fois vers le bas avant de presser la gâchette.
5. Dressez dans une tasse la mousse de mascarpone, puis votre Nespresso Lungo.
6. Saupoudrez de cacao.

L'ASTUCE DE MANU...
Vous pouvez parfumer votre mousse en infusant de la cardamome dans le lait ; mais n'oubliez pas de filtrer le tout avant de verser dans le siphon ! Ainsi font les pros !

6. MINI-CROUSTADES DE FONDUE GERBER.

15 minutes	Difficulté : 1/6
Plat chaud	Entrée/apéritif
8 personnes	CHF 16.-

C'EST QUOI L'IDÉE ?
Comment déguster une fondue sans caquelon, ni appareillage, ni odeur ? Voilà une recette facile qui vous permet de personnaliser votre mini-croustade de fondue avec du poivre vert, du curry, des cornichons, de la viande séchée… Il y en a pour tous les goûts !

INGRÉDIENTS
(Comptez 6 pièces par invité)

- Fondue Gerber moitié-moitié (800 gr)
- 2 paquets de mini-croustades Rhams

3 GARNITURES :
- 1 poire + curry
- 2 tranches de jambon cru du Valais + origan
- 8 petits cornichons Chirat + paprika

PROGRESSION
1. Préchauffez votre four à 200° position grill.
2. Taillez 24 cubes par plaques de fondue de 400 gr (total: 48 !)
3. Garnissez 16 croustades avec un peu de poire taillée en petits dés, ajoutez un cube de fondue et saupoudrez de curry. Procédez de la même manière pour les autres.
4. Enfournez les croustades 3 à 4 minutes et regardez la fondue crépiter.
5. Dressez sur une ardoise et servez aussitôt.

LE CONSEIL DE MANU…
Cette recette est dédiée à tous les fondus de fondues qui ne manqueront pas de les agrémenter à leur manière…

7. BOUCHÉES DE SAUCISSE DE VEAU ET LARD FUMÉ.

15 minutes	Difficulté : 2/6
Plat chaud	Entrée/apéritif
4 personnes	CHF 12.-

C'EST QUOI L'IDÉE ?
Comment déguster la traditionnelle «St Galler Bratwurst» (rustique par nature) d'une manière plus sophistiquée ? Pourquoi condamner systématiquement cette viande de qualité au barbecue ? Pensez un peu à elle ! Faites-lui quitter la table de jardin pour une jolie table basse dans un salon raffiné.

INGRÉDIENTS
(Pour 10 amuse-bouches)

- 2 saucisses de veau Bell de chez Coop
- 10 tranches fines de lard fumé
- 1 pomme golden
- Moutarde Thomy et aneth
- 8 piques en bois de 6 cm

PROGRESSION
1. Mettez votre four en préchauffage à 180°.
2. Taillez chaque saucisse Bell en 5 parts égales, et entourez-les d'une tranche de lard. Faites-les saisir délicatement à la poêle côté lard, puis enfournez 5 minutes.
3. Pendant ce temps, taillez 10 petits cubes de pomme et faites-les saisir dans la même poêle.
4. Montez les amuse-bouches à l'aide de vos petits piques, ajoutez une pointe de moutarde et d'aneth.

LE CONSEIL DE MANU...
La St Galler Bratwurst serait la meilleure des «sausuisses» de veau du pays. Alors n'essayez pas de faire le malin avec une vulgaire saucisse de bas étage !

8.
RISOTTO BALLS AU GRUYÈRE JEUNE FONDANT.

🍲 30 minutes	Difficulté : 4/6	
🍽 Plat tiède	Entrée	
😊 5 personnes	🐷 CHF 8.-	

C'EST QUOI L'IDÉE ?
Cela vous dirait de préparer un amuse-bouche croquant et fondant à la fois ? Et bien c'est possible avec cette recette où l'on retrouve le Gruyère jeune AOC là où on ne l'attendait pas.

INGRÉDIENTS
(Pour 20 amuse-bouches)

- 1 échalote
- 100 gr de risotto
- 1 dl de vin blanc
- 3 dl de bouillon de légumes
- 20 cubes de Gruyère jeune AOC d'1 centimètre de côté
- 50 gr de chapelure
- 2 blancs d'oeuf

PROGRESSION
1. Ciselez l'échalote et faites-la revenir avec de l'huile d'olive. Ajoutez le risotto et mélangez à la spatule jusqu'à ce qu'il soit nacré, puis ajoutez le vin blanc. Après complète évaporation, mouillez avec le bouillon et laissez cuire 16 minutes à feu doux. Vérifiez l'assaisonnement, étalez sur assiette le risotto et laissez refroidir.
2. Taillez 20 cubes de Gruyère jeune AOC et passez 50 gr de pain sec au tamis.
3. Faites un peu mousser 2 blancs d'œuf avec une pincée de sel.
4. Enrobez les cubes de risotto froid, puis faites-les rouler entre vos mains pour faire des boules régulières.
5. Trempez les boules dans le blanc d'oeuf et faites-les rouler dans la panure. Faites frire 3 à 4 minutes et laissez reposer 1 minute sur du papier absorbant avant de servir.

L'ASTUCE DE MANU...
Vous pouvez ajouter du safran ou de l'huile de truffe au risotto. C'est un peu plus «cher» comme recette ; alors il faut que vos invités le méritent !

9. SAMOSSAS DE PAPET VAUDOIS.

🍲 1 heure	Difficulté : 5/6	
🍽 Plat tiède	Entrée	
😊 6 personnes	🐷 CHF 16.-	

C'EST QUOI L'IDÉE ?
Icône nationale, le Papet vaudois (saucisse aux choux) n'est plus à présenter. À vous de faire de ce plat typique un amuse-bouche exotique ! Mais ne le mangez pas avec «vaudois» ! C'est chaud !

INGRÉDIENTS
(Pour 24 samossas)

- 1 saucisse aux choux
- 300 g de poireaux
- 300 g de pommes de terre épluchées
- 1 oignon
- 1 dl de vin blanc
- 1 dl de crème à 35 %
- 1 cuillère à soupe de moutarde forte Thomy
- Sel et poivre du moulin
- 8 feuilles de rouleaux de printemps (21,5 x 21,5)
- 2 blancs d'oeuf

PROGRESSION

1. Faites cuire dans une casserole d'eau bouillante la saucisse avec les pommes de terre épluchées, 30 à 40 minutes ; retirez et laissez refroidir.
2. Taillez les poireaux en petits carrés, ainsi que l'oignon, puis faites fondre à la poêle et déglacez avec 1 dl de vin blanc. Laissez réduire et ajoutez la crème, portez à ébullition et laissez refroidir.
3. Taillez les pommes de terre en petits morceaux. Ajoutez la chair de saucisse (sans la peau), une cuillère à soupe de moutarde forte et les poireaux. Mélangez et vérifiez l'assaisonnement.
4. Coupez les feuilles de rouleaux de printemps en 3 bandes égales et placez au coin de chacune un peu de farce, passez du blanc d'œuf au pinceau sur le reste de la bande et pliez en formant un triangle pour enfermer la farce, rabattez plusieurs fois le triangle sur lui-même jusqu'au bout de la bande. Recommencez l'opération avec les autres bandes.
5. Faites cuire 6 minutes au four à 190°.

LE CONSEIL DE MANU...
Si vous avez du mal au début à façonner les samossas, c'est normal. Mais il suffit de s'entraîner ! Autre chose ; choisissez vraiment une bonne saucisse de veau au rayon charcuterie de votre magasin préféré.

10.
TEMPURA DE FILETS DE PERCHE ET CHIPS AU WASABI.

🍳 10 minutes	Difficulté : 3/6	
🍽 Plat tiède	Entrée	
👥 8 personnes	💰 CHF 30.-	

INGRÉDIENTS

- 32 filets de perche
- 2 œufs
- 200 g de farine
- 30 cl d'eau glacée
- Une poignée de glaçons
- Sel
- 1 paquet de Chips Zweifel au wasabi
- Huile de friture

C'EST QUOI L'IDÉE ?

Adaptez une recette traditionnelle de la cuisine japonaise avec des produits typiquement suisses. Finis les filets de perche avec la sempiternelle sauce tartare et ses frites pleines de graisses !

PROGRESSION

1. Battez les œufs dans un bol, ajoutez l'eau glacée, incorporez la farine et 2 pincées de sel en mélangeant légèrement. Ajoutez les glaçons.
2. Brisez les chips dans le paquet en l'ouvrant préalablement.
3. Chauffez une assez grande quantité d'huile végétale. Trempez les filets dans la pâte, puis dans les chips et faites-les frire comme pour des beignets.
4. Égouttez sur du papier absorbant et servez.

L'ASTUCE DE MANU...

Vous pouvez aussi les servir avec une sauce soja pour faire encore plus «japonisant». Et n'oubliez pas les baguettes ! Dépaysement garanti.

11. MINI-BROCHETTES AU POULET YASSA ET CUBE MAGGI.

30 minutes	Difficulté : 2/6
Plat chaud	Entrée
8 personnes	CHF 15.-

C'EST QUOI L'IDÉE ?
Qui n'a pas de cube Maggi à la maison ? Ce cube deviendra un tube avec ce plat exotique. En 30 minutes je vous propose un tour de Maggi !

INGRÉDIENTS
- 400 g de suprême de poulet
- 4 échalotes
- 1 botte de ciboulette
- 1 piment doux
- 1 cube Maggi
- 2 cuillères à soupe d'huile d'olive
- 2 citrons verts
- 1 cuillère à café de poivres exotiques

PROGRESSION
1. Broyez dans un pilon le poivre, le cube Maggi, 2 cuillères à soupe d'huile d'olive et le jus de 2 citrons verts; marinez le tout avec le poulet taillé en petits cubes.
2. Montez 8 brochettes avec le poulet mariné et passez à la poêle.
3. Émincez finement les échalotes, le piment et faites frire. Dégraissez sur du papier absorbant, ajoutez une pincée de sel et la ciboulette taillée en petit bâtonnets.
4. Garnissez vos brochettes cuites de ce dernier mélange croustillant.

LE CONSEIL DE MANU...
Le pilon est plus traditionnel pour cette recette, mais vous pouvez utiliser un cutter. Comme accompagnement, je vous propose un riz gluant. Ce n'est pas joli comme expression mais c'est super bon !

12. MOUSSE DE TRUITE ET SAUMON FUMÉ SUR DAR-VIDA.

🍳 20 minutes		Difficulté : 3/6
🍽 Plat froid		Midi ou soir
👥 8 personnes		CHF 23.-

C'EST QUOI L'IDÉE ?
Laissez-vous tenter par une recette aux allures scandinaves sur le célèbre croustillant Dar-Vida de Hug. Ces petites tranches de pain grillé vous réservent une bonne surprise ! Alors laissez Wasa aux vikings et direction le rayon poisson d'un Manor…

INGRÉDIENTS
- 8 biscuits nature Dar-Vida
- 250 g de saumon fumé
- 125 g de truite fumée
- 125 g de crème liquide
- 1 botte d'aneth

PROGRESSION
1. Passez au robot cutter la truite fumée, ajoutez la crème et mixez jusqu'à ce que la mousse soit lisse et commence à être ferme ; puis placez la mousse dans une poche à douille.
2. Taillez le saumon de la même largeur que les biscuits et posez un côté dans de l'aneth hachée.
3. Garnissez d'une noix de mousse de truite recouverte de saumon fumé à l'aneth.

L'ASTUCE DE MANU…
Accompagnez cette entrée d'un vin blanc Chardonney ou Sauvignon. Frais bien sûr ! Sinon de l'aquavit suédoise. Pas besoin de partir en drakkar : en cherchant un peu vous en trouverez bien une !

13.
COPEAUX À GOGO AVEC L'ÉPLUCHEUR REX DE ZENA.

1 minute	Difficulté : 1/6
Plat froid	Midi ou soir
5 personnes	CHF 1.90.-

C'EST QUOI L'IDÉE ?
L'éplucheur Rex de Zena est une des inventions les plus populaires en Suisse (1947). Quelle ménagère de moins de 50 ans qui se respecte n'en n'a pas dans sa cuisine ? Cette recette rend hommage à cet ustensile en démontrant qu'il est bien plus qu'un «éplucheur à patate». Copeaux rigolos sans bobos garantis.

INGRÉDIENTS
(Pour 5 familles de copeaux)

- Parmesan, Mimolette, Gruyère…
- Chocolat noir, blanc ou au lait…
- Fraise, kiwi, pomme…
- Carotte, asperge, courgette…
- Orange, citron vert, gingembre…

PROGRESSION
1. Taillez des copeaux de fromages pour vos salades ou carpaccio de bœuf.
2. Taillez des copeaux de chocolat pour vos desserts, entremets ou crèmes glacées.
3. Taillez des copeaux de fruits pour décorer vos desserts ou salades sucrées/salées.
4. Taillez des copeaux de légumes pour vos salades ou tagliatelles aux légumes.
5. Taillez des copeaux d'agrumes ou gingembre pour agrémenter vos cocktails.

LE CONSEIL DE MANU…
N'essayez pas avec les autres éplucheurs; Rex de Zena est le meilleur et le moins cher. Vous pouvez aussi vous faire plaisir en vous offrant le modèle plaqué or ! L'accessoire essentiel !

14. VELOUTÉ DE POIREAUX AUX PORTIONS GALA.

30 minutes	Difficulté : 2/6	
Entrée chaude	Souper	
8 personnes	CHF 12.-	

C'EST QUOI L'IDÉE ?

Sortez-le de sa boîte ! Voici une soupe récréative et créative pour un des fromages suisses les plus appréciés : le Gala. Une soupe de gala pour le souper ! Vos enfants vont grandir à vue d'œil ! Une cuillère pour Maman…

INGRÉDIENTS

- 1 gros oignon
- 700 g de poireaux
- 75 cl d'eau
- 1 cube de bouillon de légumes
- 8 portions de Gala
- Beurre

PROGRESSION

1. Taillez en rondelles les poireaux, lavez-les et égouttez-les.
2. Ciselez l'oignon et faites-le revenir dans une casserole avec un peu de beurre.
3. Ajoutez les poireaux, salez et poivrez, et faites les suer 5 minutes.
4. Mouillez avec l'eau et laissez cuire 15 minutes.
5. Ajoutez les portions de fromage Gala et mixez.

LE CONSEIL DE MANU…

Si en hiver, vous en avez soupé de toutes ces soupes en brique, vous pouvez aussi servir cette soupe glacée en été ! Une cuillère pour Papa…

15.
SOUFFLÉ AU SCHABZIGER.

30 minutes	Difficulté : 3/6
Plat chaud	Entrée
8 personnes	CHF 12.-

C'EST QUOI L'IDÉE ?

Le fromage suisse le plus ancien n'est pas forcément le plus connu. Né en 1463 dans le canton de Glaris, je vous présente, pour ceux qui ne le connaissent pas déjà, le Schabziger ! Plus il est vieux, plus il est «corsé». Je vais donc vous souffler la recette de ce soufflé !

INGRÉDIENTS

- 100 g de beurre
- 80 g de farine
- 1/2 l de lait
- 60 g de Glarner Schabziger
- 8 œufs séparés
- 1 cuillère à café de sel
- Muscade et poivre

PROGRESSION

1. Faites fondre le beurre et mélangez la farine, laissez cuire 2 minutes et mouillez avec le lait ; remuez à la spatule jusqu'à obtenir une sauce épaisse.

2. Assaisonnez avec du sel, du poivre et de la noix de muscade.

3. Ajoutez les jaunes d'œufs un à un en remuant au fouet hors du feu, puis ajoutez le fromage râpé.

4. Montez les blancs en neige et mélangez-les dans la casserole. Fouettez vigoureusement et incorporez la masse dans 8 moules beurrés.

5. Faites cuire 20 minutes au four à 190°.

LE CONSEIL DE MANU...

Ce fromage on l'aime ou on le déteste. Il faut dire qu'il tient sa saveur épicée du trèfle mélilot. Mais je suis sûr que vous l'apprécierez à sa juste valeur..

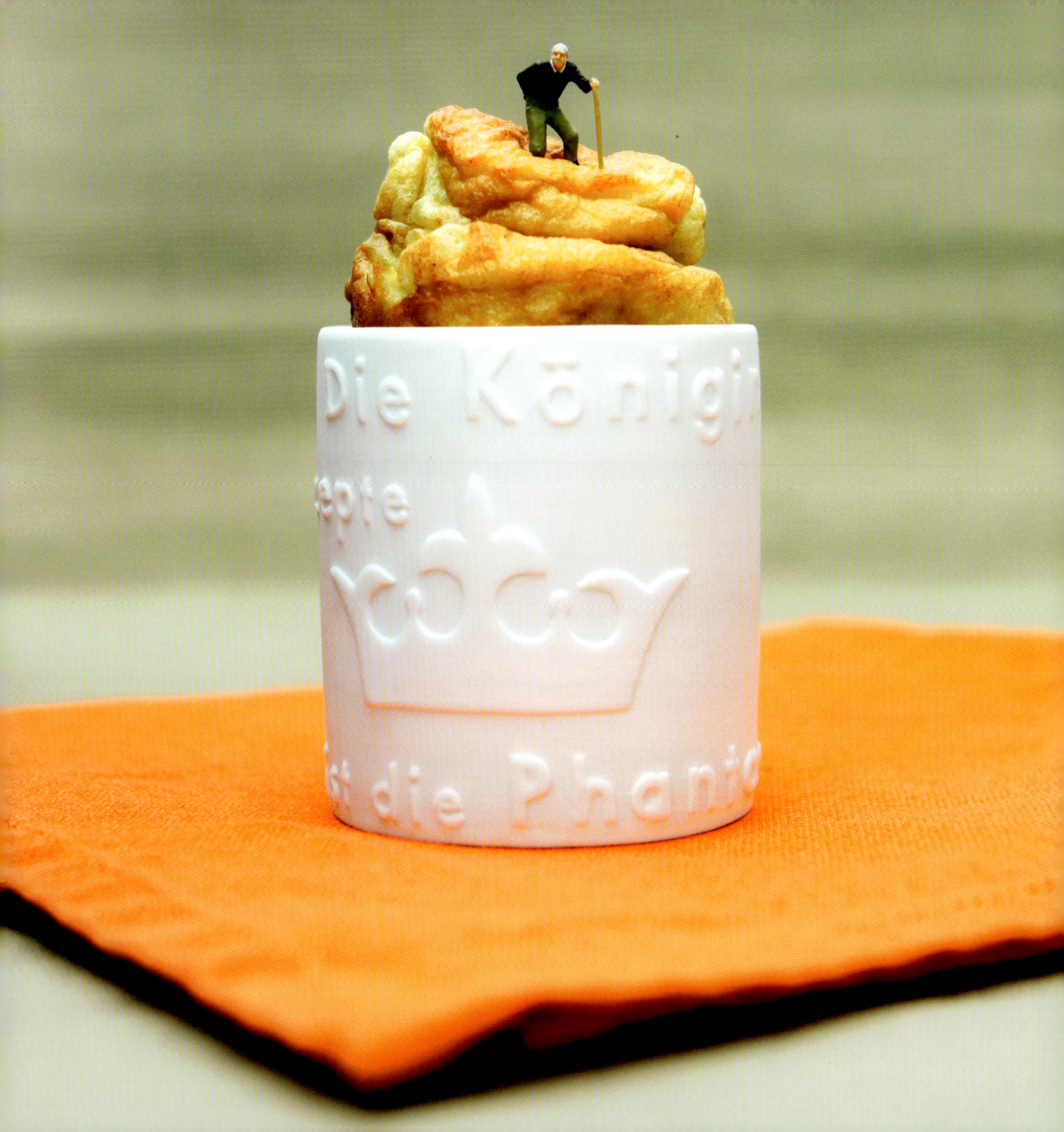
Die
die

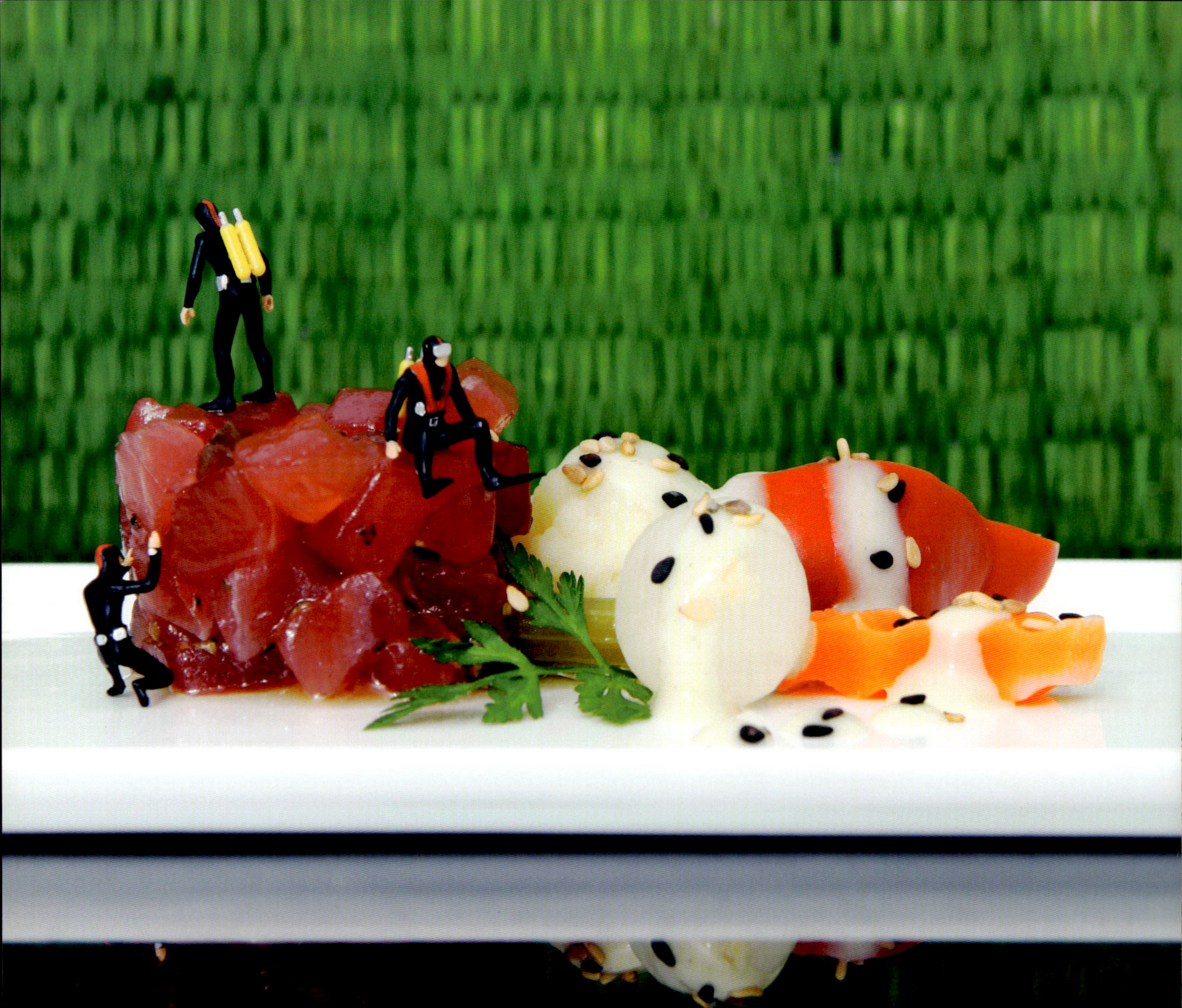

16. TARTARE DE THON AU SÉSAME ET WASABI.

🍳 10 minutes	Difficulté : 2/6	
🍽 Plat froid	Entrée	
👥 8 personnes	🐷 CHF 39.-	

INGRÉDIENTS

- 400 g de filet de thon
- 300 g de légumes pickles Chirat
- Wasabi
- 50 g de yogourt nature
- Huile et graines de sésame

C'EST QUOI L'IDÉE ?

Le saviez-vous ? Les légumes au vinaigre sont couramment utilisés dans la cuisine japonaise ; on les appelle des «Sunomono». Ils sont appréciés pour leur conservation et leur goût si aigre. Voici avec Chirat la version suisse. Arigato gosaimasu ! (merci beaucoup).

PROGRESSION

1. Éssorez les légumes en gardant une cuillère à soupe du vinaigre dans un bol, ajoutez-y une noisette de wasabi et le yogourt nature, mélangez.
2. Taillez le thon au couteau en petits dés, assaisonnez avec un peu d'huile de sésame, du sel et du poivre, puis dressez-le à l'aide d'un emporte-pièce.
3. Ajoutez les légumes avec la sauce au wasabi et une pincée de sésames grillés.

LE CONSEIL DE MANU...

Vous pouvez réaliser la recette avec d'autres poissons comme le saumon, l'espadon ou la dorade. Pas de «sushis» ! Rien n'arrête cette recette !

17. SALADE CROQUANTE AU GRUYÈRE SALÉ.

20 minutes	Difficulté : 2/6
Plat froid	Entrée
8 personnes	CHF 15.-

INGRÉDIENTS

- 250 g de Gruyère salé AOC
- 250 g de cerneaux de noix
- 500 g de branches de céleri
- 1 botte de persil plat
- Huile d'olive
- Poivre du moulin

C'EST QUOI L'IDÉE ?

Êtes-vous prêt pour une salade saine, typée et «goûteuse» ? Pour accompagner à merveille vos plats de viandes froides et charcuteries, je vous propose de sortir de votre rayon fromage préféré avec un Gruyère salé AOC. Pour moi, le Gruyère authentique !

PROGRESSION

1. Lavez et taillez le céleri au couteau ou à la mandoline dans la largeur, en lamelles de 2 mm d'épaisseur.
2. Taillez ensuite finement les noix et le Gruyère salé AOC en copeaux à l'aide d'un éplucheur.
3. Lavez et coupez finement le persil.
4. Mélangez et assaisonnez le tout avec un peu d'huile d'olive et de vinaigre balsamique blanc.

LE CONSEIL DE MANU...

Vous pouvez aussi accompagner cette salade d'un rôti de veau ou de porc froid, taillé en tranches fines. De quoi réjouir les végétariens et les carnivores !

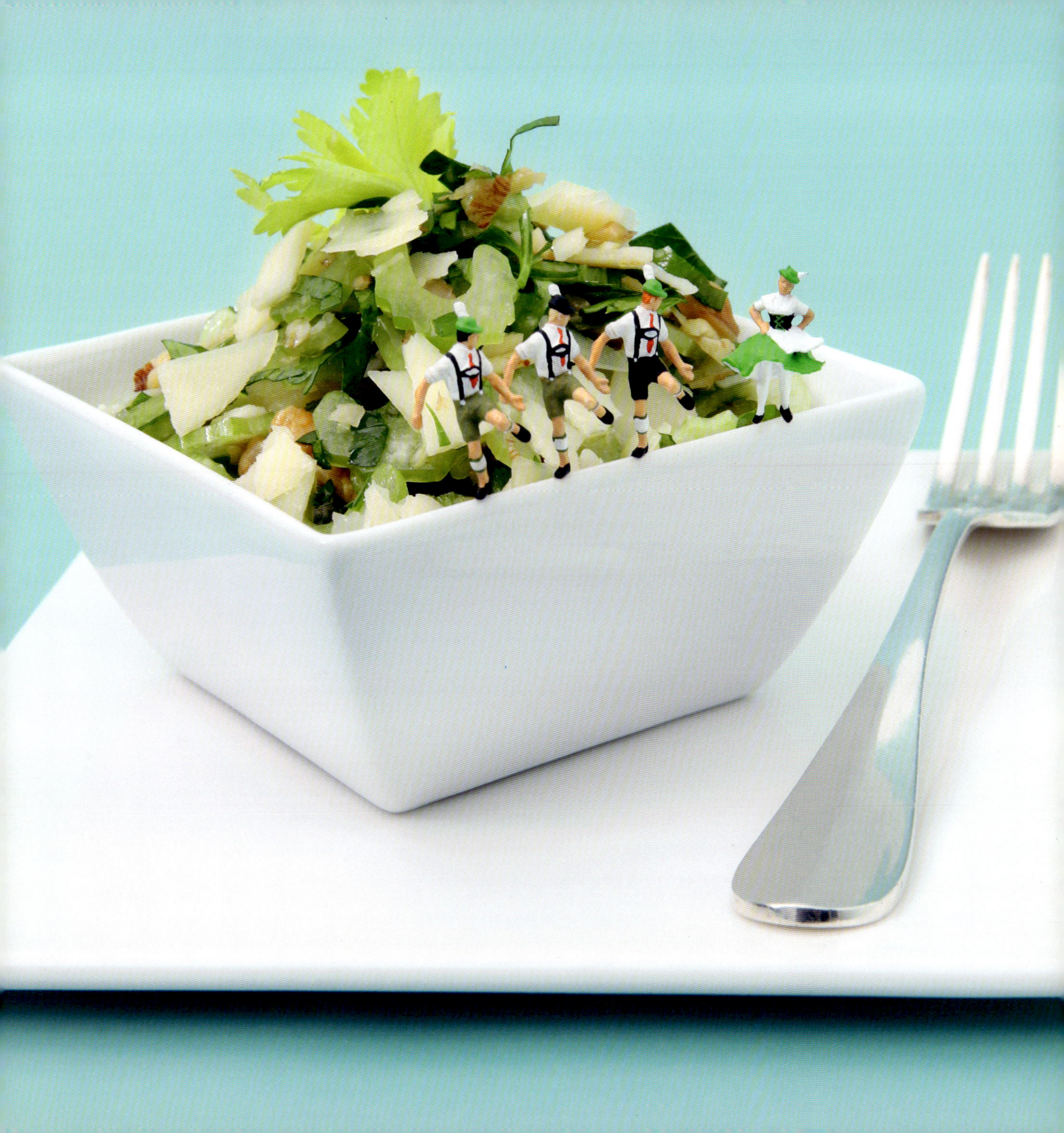

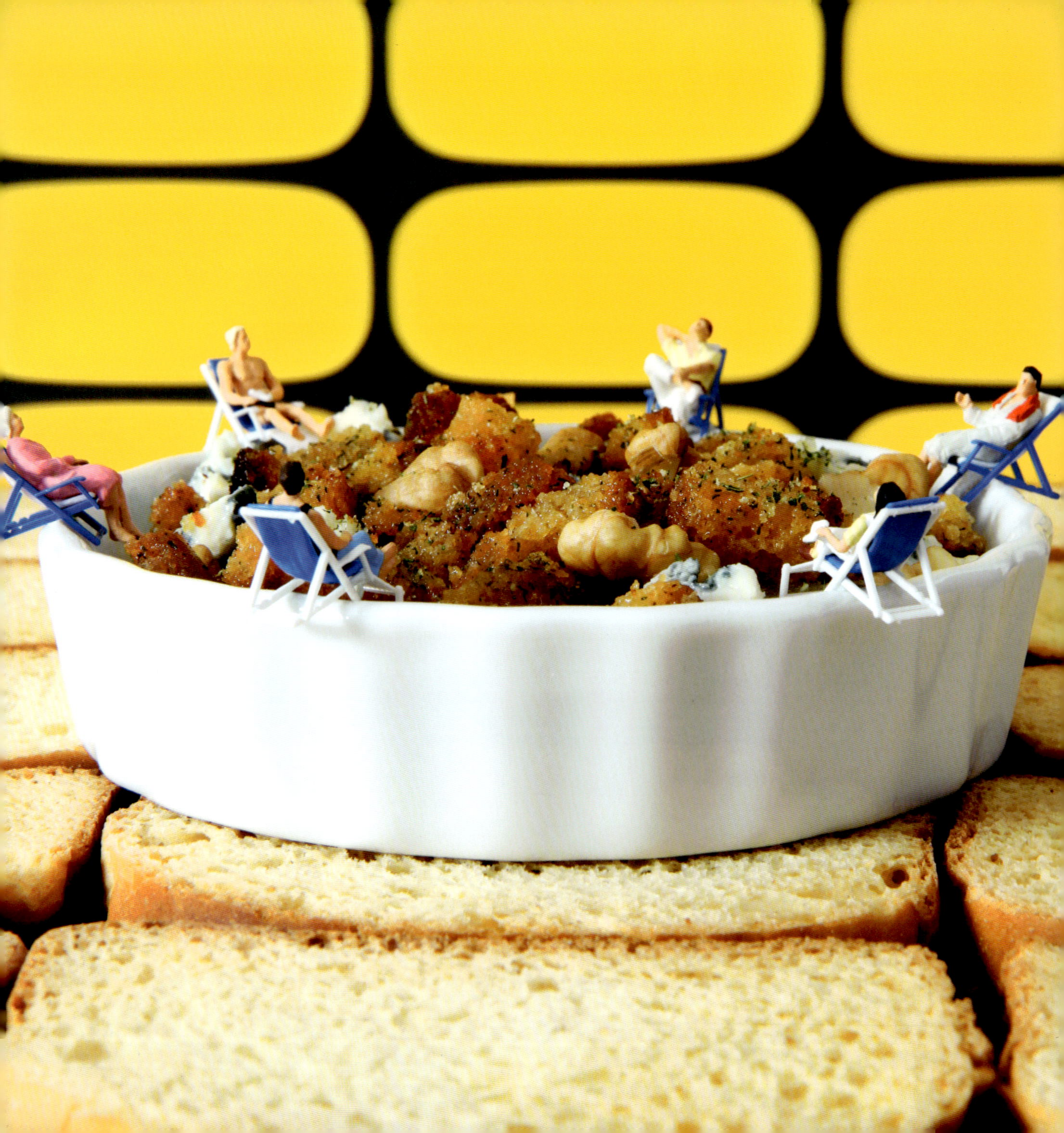

18. CRUMBLE DE ZWIEBACK AUX ENDIVES ET AU BLEU.

30 minutes	Difficulté : 3/6	
Plat chaud	Entrée	
8 personnes	CHF 16.-	

C'EST QUOI L'IDÉE ?
Un crumble, c'est très bon sucré. Mais c'est encore meilleur salé ! Surtout si vous y ajoutez le croustillant des pains grillés Roland. À propos, le mot «zwieback», cela veut dire «biscotte» en allemand !

INGRÉDIENTS
- 600 g d'endives
- Huile de noix
- 80 g de cerneaux de noix concassés
- 120 g de fromage bleu crémeux (type St. Agur ou Gorgonzola)
- Persil
- Sel et poivre
- 6 biscottes Roland
- 60 g de beurre mou

PROGRESSION
1. Blanchissez les endives dans l'eau bouillante salée 10 minutes, puis plongez-les dans un bain d'eau froide ; égouttez.
2. Taillez les endives en deux dans leur longueur et retirez la partie intérieure (c'est là que l'amertume est concentrée). Faites-les revenir à la poêle à l'huile de noix, salez et poivrez.
3. Brisez les biscottes à l'aide d'un rouleau à pâtisserie et mélangez avec le beurre mou et le persil haché avec les doigts.
4. Répartissez dans des petits moules ou un plat à tarte les endives, les noix et le fromage émietté ; recouvrez avec le mélange de biscottes beurrées.
5. Enfournez 15 minutes à 180 ° et servez aussitôt.

LE CONSEIL DE MANU...
Vous pouvez remplacer le fromage par un fromage de chèvre si le bleu est trop fort pour vous ! Une recette à base de biscottes pour ceux qui ont des biscottos !

19. TOMME DE MOLÉSON EN FEUILLETÉ.

30 minutes	Difficulté : 2/6
Plat chaud	Entrée
8 personnes	CHF 26.-

C'EST QUOI L'IDÉE ?

Comment préparer un plat facile et végétarien pour les fans de tommes au four ? Nées dans le canton de Fribourg, ces petites tommes de Moléson raviront les «petits hommes» et les petites filles !

INGRÉDIENTS

- 4 tommes de Moléson
- 1 rouleau de pâte feuilletée
- 1 kilo d'asperges vertes
- 3 jaunes d'œufs
- Huile d'olive et vinaigre balsamique blanc
- Sel et poivre

PROGRESSION

1. Préchauffez le four à 210° et faites bouillir 2 litres d'eau.
2. Déroulez la pâte feuilletée sur le plan de travail, taillez 8 cercles de 15 cm de diamètre, posez au centre les tommes, rabattez les bords en pinçant entre 2 doigts, retournez-les et badigeonnez de jaune d'œuf.
3. Posez les feuilletés sur une tôle à four et enfournez 20 à 25 minutes, jusqu'à ce que la pâte soit bien dorée.
4. Pendant la cuisson, taillez en fines lamelles les asperges à l'aide d'un économe Zena. Cuisez-les dans de l'eau bouillante 1 minute, refroidissez-les dans un bain d'eau glacée et égouttez-les.
5. À la sortie du four, assaisonnez la salade, dressez le tout et servez aussitôt.

LE CONSEIL DE MANU...

Il existe aussi de la tomme aux truffes. Elle est plus onéreuse, mais c'est un délice ! Quand on aime on ne compte pas !

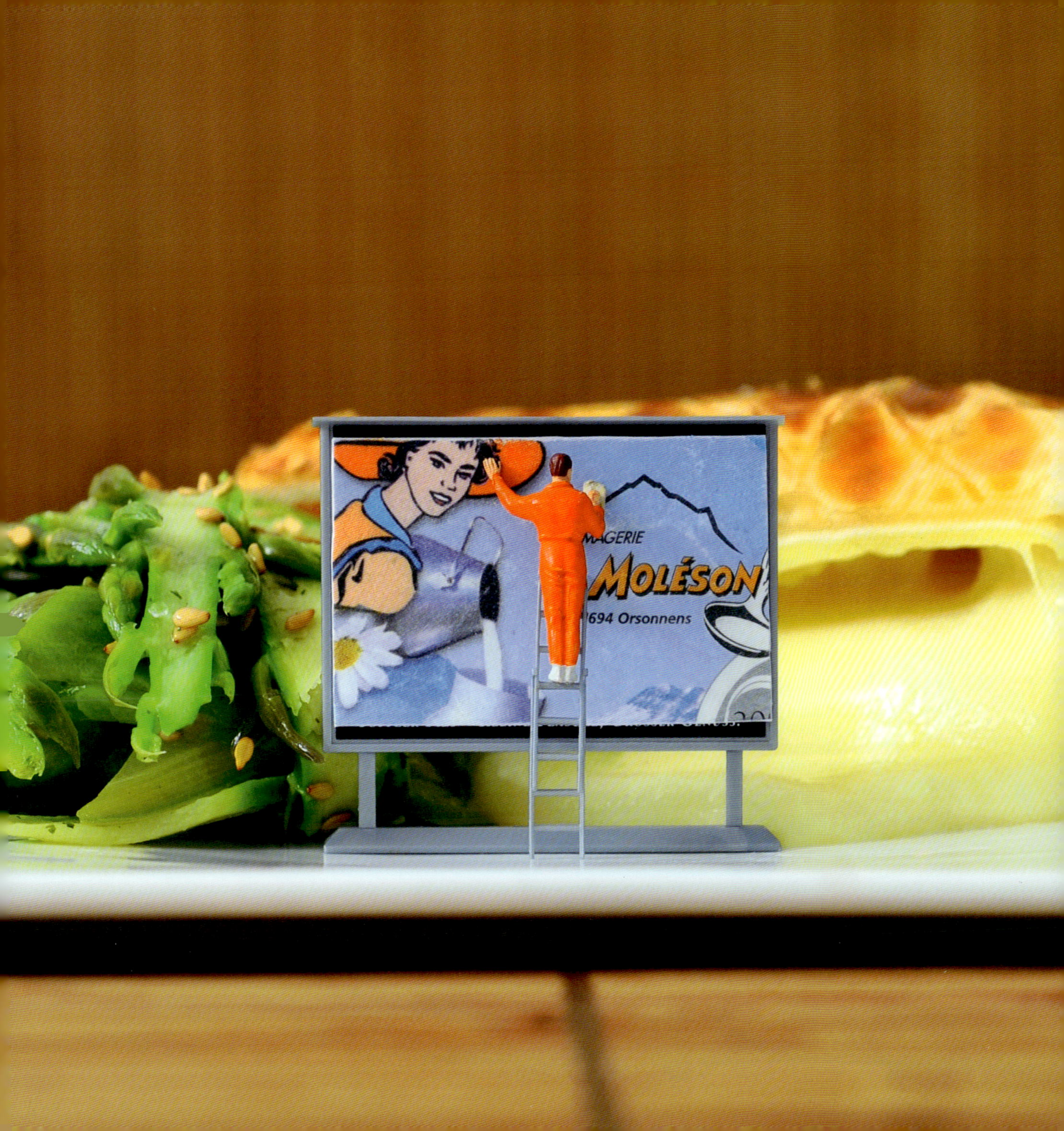
MAGERIE
MOLÉSON
1694 Orsonnens

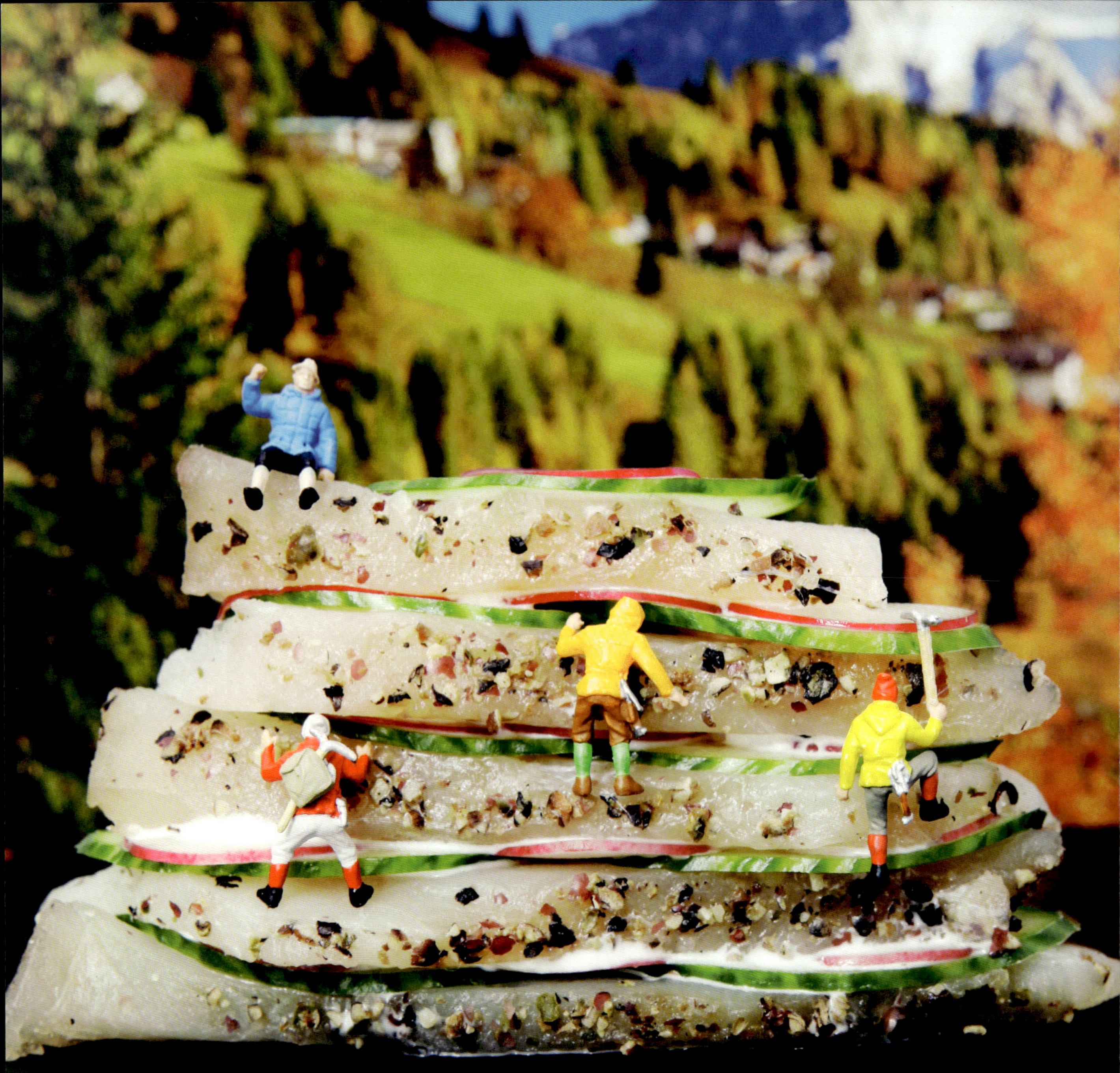

20. ESPADON FUMÉ AU RAIFORT THOMY.

15 minutes	Difficulté : 2/6
Plat froid	Plat principal
8 personnes	CHF 36.-

C'EST QUOI L'IDÉE ?

Problème posé : comment associer la crème de raifort Thomy (bien relevée) à la chaire raffinée et nacrée de l'espadon fumé ? La solution à cette équation est résolue avec succès !

INGRÉDIENTS

- 500 g d'espadon fumé en tranches fines
- 1 concombre
- 1 botte de radis rouge
- 1 tube de raifort Thomy
- Poivres exotiques

PROGRESSION

1. Taillez le concombre et les radis (après rinçage) en fines lamelles d'un millimètre.
2. Poivrez l'espadon fumé.
3. Alternez les couches de poisson en intercalant les lamelles de légumes avec le raifort Thomy.

LE CONSEIL DE MANU...

Vous pouvez accompagner ce plat d'une salade de légumes croquants. Par exemple : carotte et vinaigrette au vinaigre de citron. Vous allez vous faire plein de «petits Thomy» avec ce plat !

21. PAIN PERDU AU FROMAGE À RACLETTE.

- 30 minutes
- Plat chaud
- 8 personnes
- Difficulté : 2/6
- Entrée ou apéritif
- CHF 20.-

C'EST QUOI L'IDÉE ?
Plus besoin de sortir tout votre attirail si vous aimez le fromage à raclette ! Pour les accros du Le Corbier de chez Milco, voici une tartine d'hiver à base de pain perdu. Rien ne se perd avec moi !

INGRÉDIENTS

- 8 tranches de pain au levain et noisette ou noix
- 3 œufs frais
- 2 dl de lait
- 1 dl de vin blanc
- 18 petits cornichons extra-fins
- 16 tranches de viande séchée
- 8 morceaux de raclette Le Corbier
- Beurre
- Sel et poivre

PROGRESSION

1. Mélangez les œufs, le lait et le vin blanc au fouet. Assaisonnez. Versez dans une assiette creuse.
2. Trempez les tranches de pain des deux côtés et faites dorer à la poêle avec une noisette de beurre.
3. Répartissez la viande séchée et les cornichons sur les tranches de pain et recouvrez d'une tranche de Le Corbier.
4. Enfournez 5 minutes à 180°, position grill, et servez aussitôt.

LE CONSEIL DE MANU...
Un classique. Servez vos tartines avec un Fendant du Valais de chez Provins Valais.

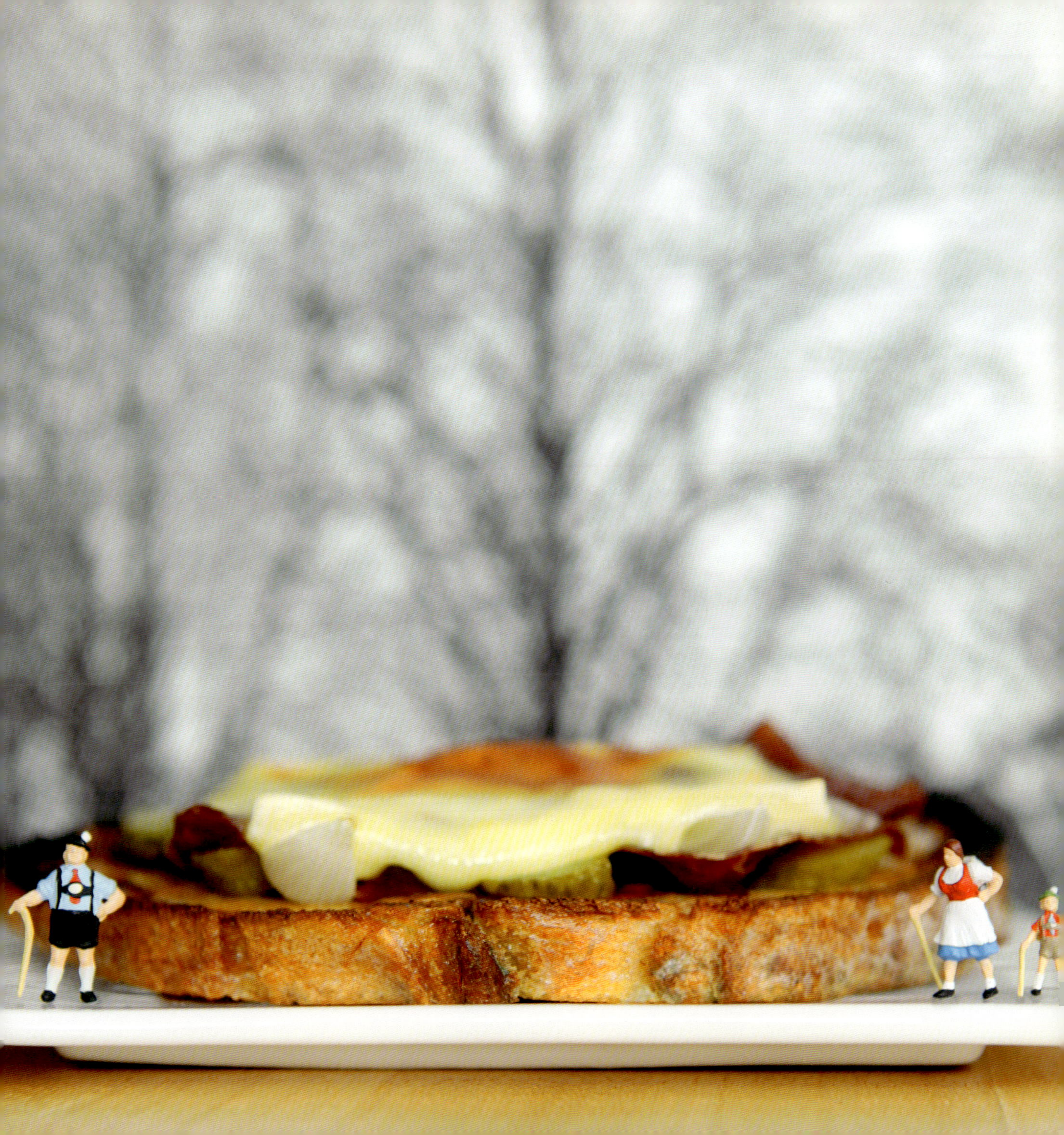

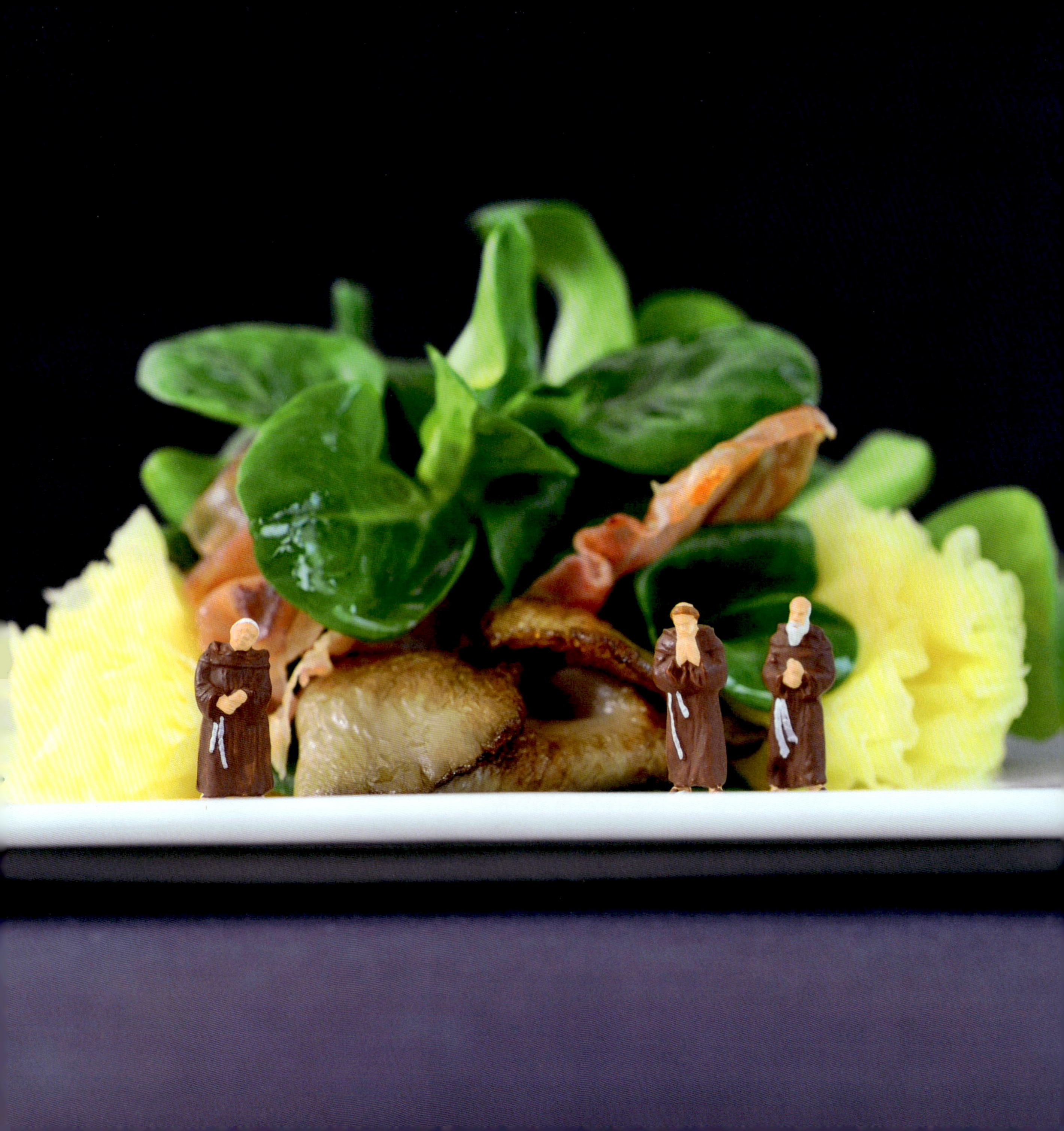

22. SALADE JURASSIENNE À LA TÊTE DE MOINE.

🍲 10 minutes	Difficulté : 2/6
🍽 Plat tiède	Entrée
😊 8 personnes	🐷 CHF 45.-

C'EST QUOI L'IDÉE ?

La difficulté était plutôt de trouver la salade qui convenait le mieux à ces magnifiques rosettes de Tête de Moine et ces pleurotes. J'ai donc opté pour la salade de rampon : les bouchées peuvent être plus grandes ! Amène !

INGRÉDIENTS

- 400 gr de salade de rampon
- 500 gr de pleurotes
- 24 belles rosettes de Tête de Moine AOC de Bellelay
- 24 tranches fines de filet mignon fumé
- Huile de noix et vinaigre aux herbes

- 1 Girolle: CHF 60.- (appareil)

PROGRESSION

1. Lavez 2 fois la salade de rampon, puis essorez-la.
2. Taillez 24 rosettes de Tête de Moine AOC si vous avez la machine adéquate. Sinon, vous pouvez les trouver déjà tranchées.
3. Détaillez et lavez les pleurotes. Poêlez-les à l'huile de noix. Assaisonnez avec du sel et du poivre.
4. Faites griller les tranches de filet mignon.
5. Dressez dans l'ordre suivant : les pleurotes, les rosettes, la salade, les tranches de filet grillés puis assaisonnez d'huile de noix et vinaigre aux herbes.

LE CONSEIL DE MANU...

Vous pouvez aussi remplacer l'assaisonnement par une vinaigrette à la moutarde ancienne. Ça pique un peu plus mais c'est bon aussi !

23. BUNDER SPÄTZLIS.

- 30 minutes
- Difficulté : 3/6
- Plat chaud
- Plat principal
- 8 personnes
- CHF 18.-

INGRÉDIENTS

- 200 g de farine blanche tamisée
- 100 g de farine de Sarazin tamisée
- 3 œufs entiers
- 1,5 dl de lait
- 1 cuillère à soupe d'huile de tournesol
- 1 cuillère à café de sel
- 1 botte de ciboulette
- 150 g de viande des grisons Val Grischa
- Muscade et beurre

C'EST QUOI L'IDÉE ?

Habituellement associés à des viandes ou des plats de chasse, les Spätzlis peuvent être consommés comme plat unique. Un peu comme les italiens avec leurs Gnocchi. Mais restons en Suisse… Voici un plat des Grisons vraiment grisant !

PROGRESSION

1. Mélangez les farines et le sel.
2. Mélangez les œufs, le lait et l'huile.
3. Versez le liquide sur le mélange de farines et mélangez au batteur jusqu'à ce que la pâte soit lisse et homogène. Ajoutez la ciboulette émincée, la viande des grisons en brunoise et un peu de noix de muscade. Laissez reposer 30 minutes à température ambiante.
4. Raclez de petites parcelles de pâte sur une planche et plongez-les dans l'eau bouillante. Dès qu'elles remontent à la surface, sortez-les et faites-les refroidir dans un bain d'eau froide. Puis égouttez-les.
5. Faites dorer à la poêle avec un peu de beurre.

LE CONSEIL DE MANU…

Il existe aussi une plaque trouée conçue pour façonner les Spätzlis sans difficulté. Alors ne soyez pas à côté de la plaque !

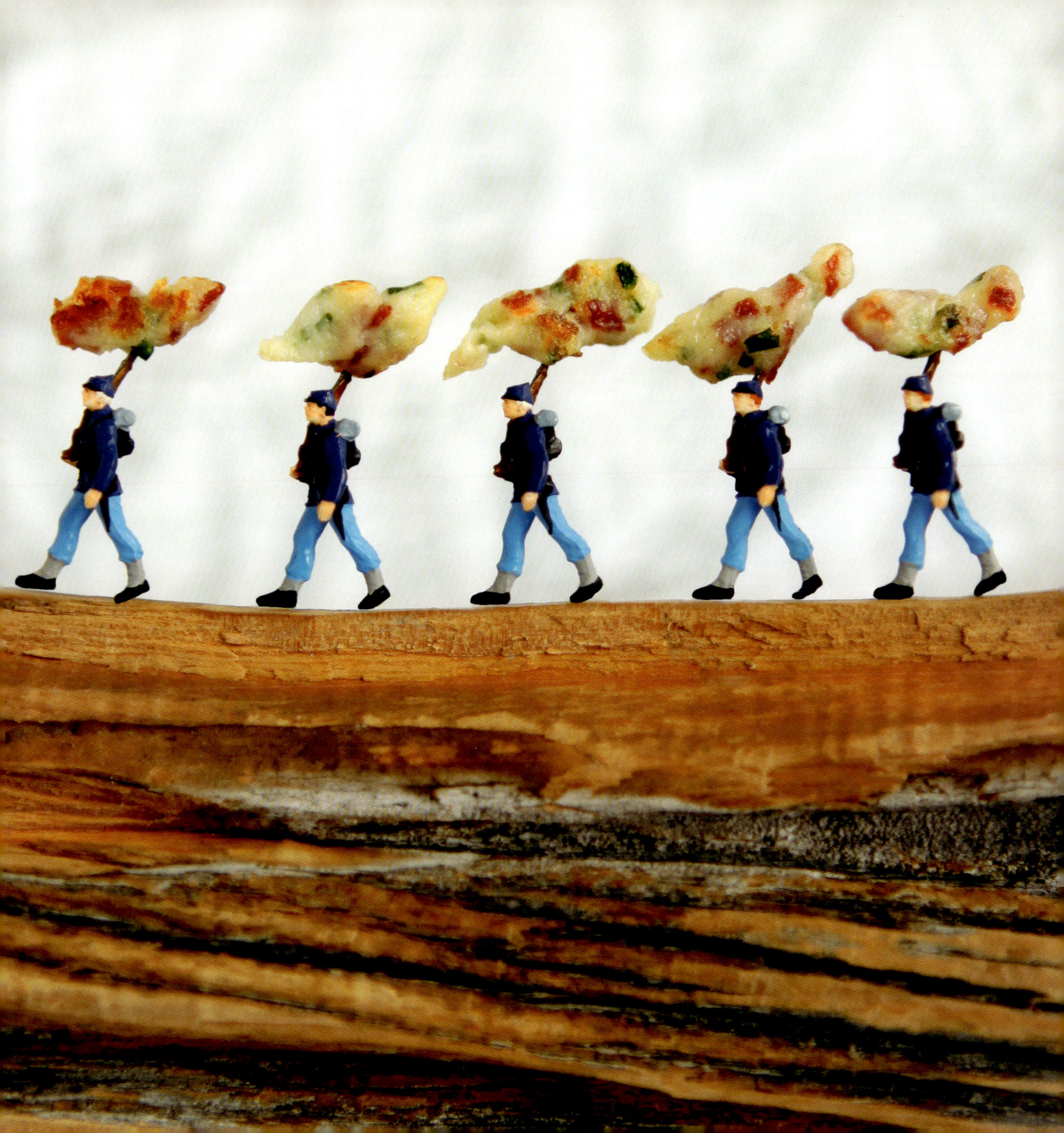

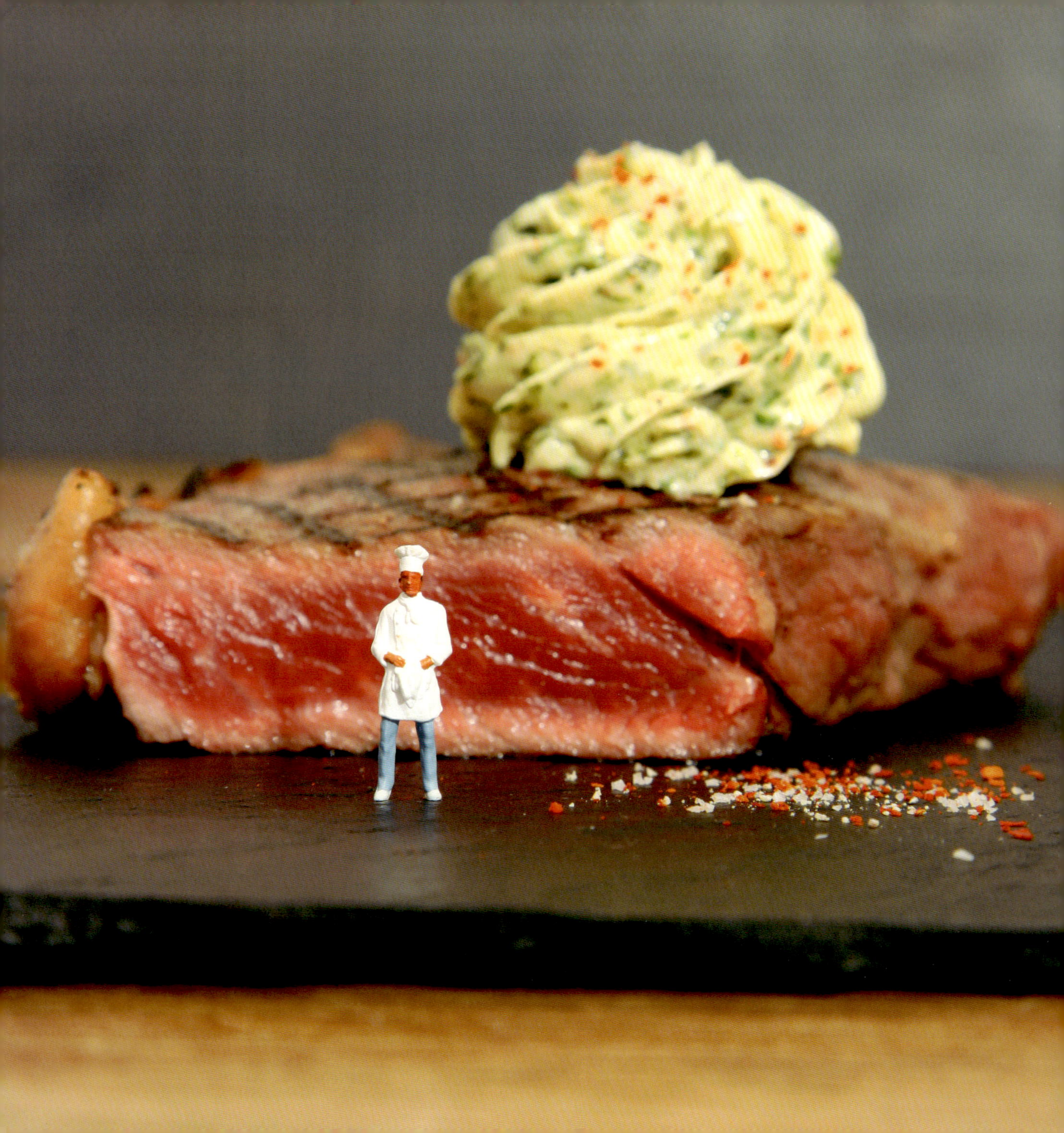

24.
BŒUF SIMMENTAL ET BEURRE À L'AIL D'OURS.

🍳 10 minutes	Difficulté : 2/6
🍽 Plat chaud	Midi ou soir
😊 8 personnes	🐖 CHF 6.-

C'EST QUOI L'IDÉE ?
Faire un beurre de saison à l'ail d'ours, pour accompagner une des viandes les plus appréciées : le bœuf Simmental, provenant de la vallée de Simme (Oberland bernois). Alors à vos chaussures de montagne et en avant marche !

INGRÉDIENTS

- 250 g de beurre Floralp
- 1 botte de feuilles d'ail d'ours
- Fleur de sel et poivre du moulin
- Piment d'Espelette

- 1.6 kg d'entrecôte (CHF 120.-)

PROGRESSION

1. Plongez rapidement l'ail d'ours dans l'eau bouillante salée, puis rafraîchissez et essorez.

2. Mixez au cutter, le beurre mou avec l'ail d'ours, le sel, le piment d'Espelette et le poivre.

3. À l'aide d'une poche et d'une douille cannelée, réalisez des rosaces sur une feuille de papier sulfurisé, et mettez 1 heure au réfrigérateur.

LE CONSEIL DE MANU...
L'ail d'ours se trouve dans les sous-bois frais et ombragés, de février à avril; les feuilles sont à récolter avant que la plante fleurisse. Et elles se congèlent très bien.

25. BEER CAN CHICKEN.

- 45 minutes
- Difficulté : 2/6
- Plat chaud
- Midi ou soir
- 5 personnes
- CHF 13.-

C'EST QUOI L'IDÉE ?

Enfin une recette ludique à partager entre copains (avant un match de foot ou de hockey), autour d'un poulet «crispy and tasty», qui vous surprendra. «Amicale de la testostérone» ce plat est pour vous ! À savourer avec une Feldschlössen bien fraîche.

INGRÉDIENTS

- 1 poulet prêt à cuire
- 1 cannette de bière Feldschlössen
- Huile d'olive
- Paprika, herbes de Provence et piment de Cayenne
- Sel et Poivre

PROGRESSION

1. Préchauffez votre four à 230°.
2. Retournez les ailerons vers le haut, videz le tiers de la canette et placez-la dans le trou de la panse du poulet (pour rester poli).
3. Le poulet assis confortablement sur sa cannette est placé dans un plat à four. Badigeonnez d'huile d'olive et d'épices.
4. Mettez au four pour 45 minutes en arrosant régulièrement le poulet de son jus.
5. Vérifiez la cuisson en piquant les cuisses, le jus doit sortir blanc, sans traces de sang.
6. Prenez délicatement le poulet avec la cannette et servez tel quel en le tranchant en fines lamelles. Attention ! La canette ne se mange pas !

LE CONSEIL DE MANU...

Vous pouvez aussi réaliser la recette dans un barbecue à cloche, et l'accompagner de «country potatoes» (pomme de terre au four coupées en 4 avec sa peau) ; recette américaine oblige !

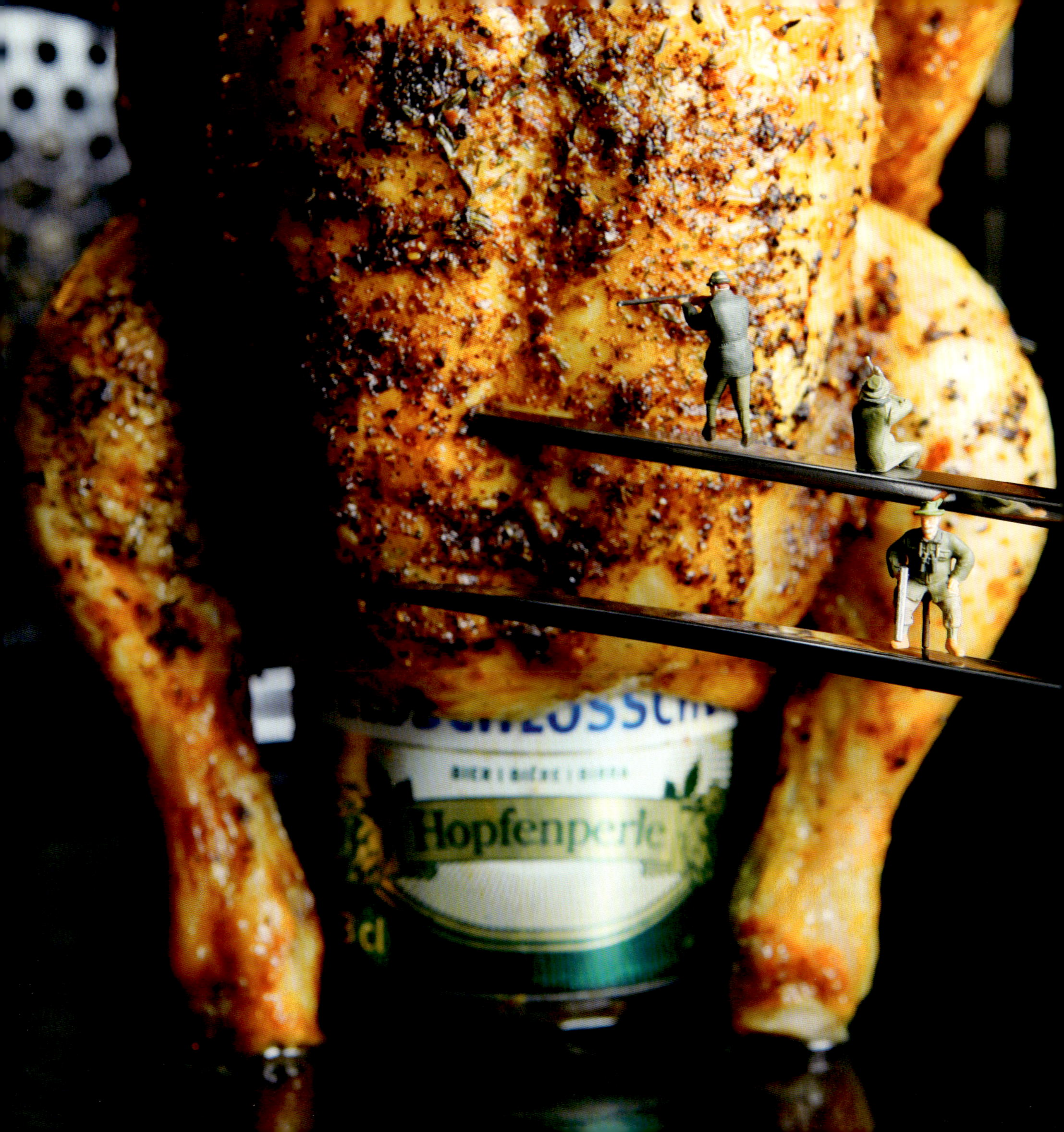
Hopfenperle

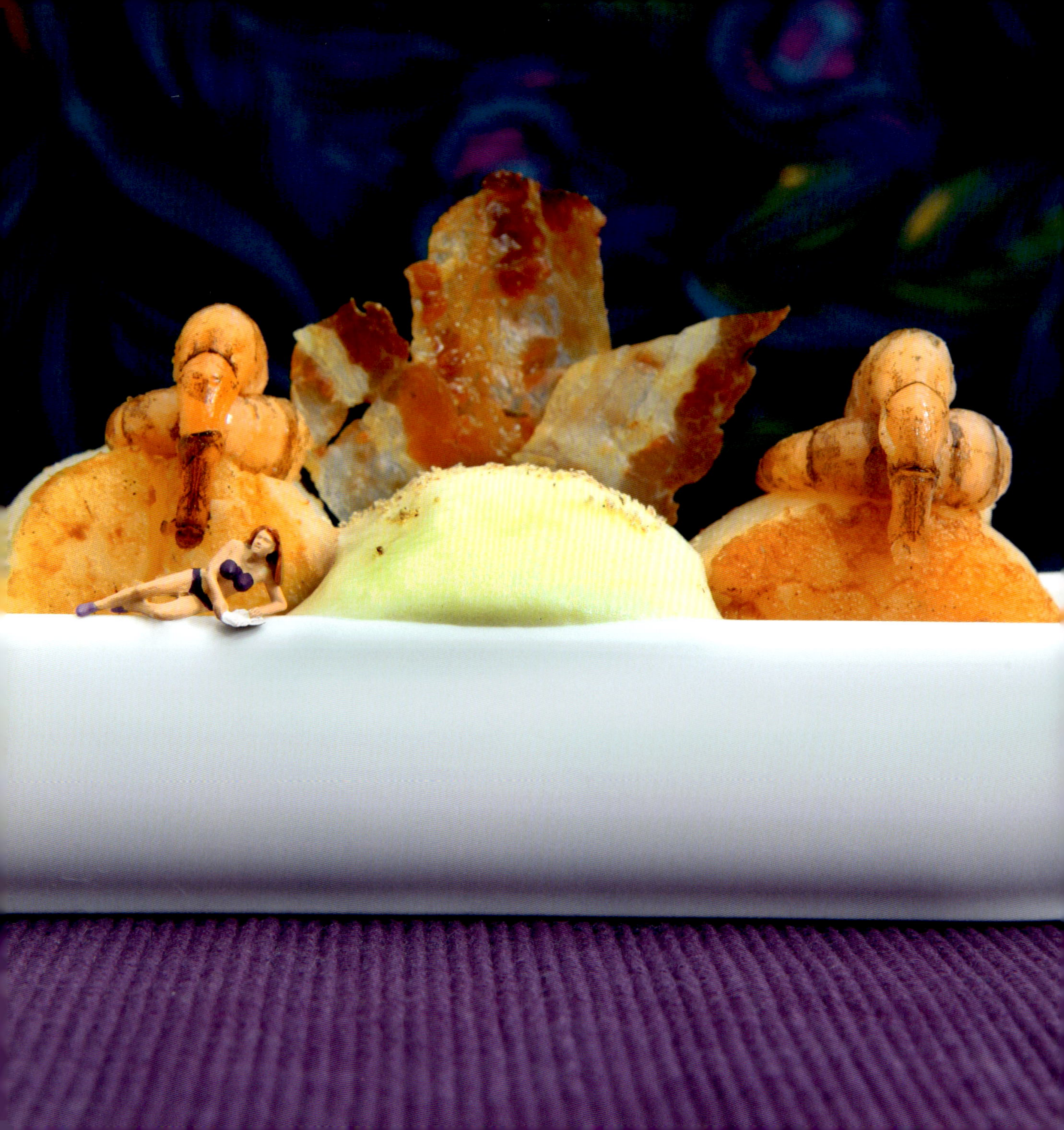

26. ESPUMA DE STOCKI AUX CREVETTES ET SAINT-JACQUES.

🍲 20 minutes	Difficulté : 5/6	
🍽 Plat chaud	Plat principal	
😊 8 personnes	💰 CHF 60.-	

C'EST QUOI L'IDÉE ?
La purée Stocki de Knorr avec le petit Knorrli (le fameux petit lutin rouge) est un des produits suisses le plus populaire. Alors comment l'incorporer dans une recette gastronomique ? Purée ça va être bon !

INGRÉDIENTS

- 16 noix de Saint-Jacques
- 32 crevettes grises
- 80 g de flocons Stocki
- 2 dl d'eau
- 2 dl crème liquide
- Sel et poivre
- Beurre
- 1 cartouche de gaz à siphon

PROGRESSION

1. Parez les noix de St-Jacques de leurs nerfs, décortiquez les queues de crevettes et faites griller les carapaces au four 5 minutes à 200°.
2. Dans une casserole, faites bouillir 2 dl d'eau avec les carapaces et un peu d'estragon, sel et poivre. Laissez infuser 10 minutes, puis filtrez et ajoutez 2 dl de crème.
3. Remplissez le siphon d'eau chaude et poêlez au beurre les crevettes et noix de St-Jacques.
4. Réchauffez la masse liquide et ajoutez les flocons de purée, mélangez à la spatule. La purée doit être lisse et souple. Videz l'eau du siphon et versez-y la purée. Vissez la tête du siphon et videz une cartouche. Secouez fortement.
5. Dressez les crevettes, les St-Jacques et la mousse de pommes de terre, tête de siphon en bas.

LE CONSEIL DE MANU...

Vous pouvez aussi faire griller quelques tranches fines de lard fumé. Si la purée est le plat officiel des cantines, alors chez vous, c'est une cantine chic !

27. ÉMINCÉ ZURICHOIS À LA SRI LANKAISE.

30 minutes	Difficulté : 4/6
Plat chaud	Plat principal
8 personnes	CHF 75.-

C'EST QUOI L'IDÉE ?

Tout le monde connaît la recette originale. Mais ce serait aussi original de l'adapter à la «World cuisine». Rien n'est impossible pour «Manu the Cook» ! Voici donc cette recette traditionnelle revisitée en l'honneur d'une des villes les plus cosmopolites au monde.

INGRÉDIENTS

- 1 kg d'émincé de veau
- 400 g de shiitake
- 1 kg de patates douces
- 40 cl de crème liquide
- 1 cuillère à soupe de purée de tandoori
- 1 botte de coriandre
- Huile de tournesol
- Sel et Poivre

PROGRESSION

1. Marinez l'émincé avec le tandoori et réservez au frais.
2. Épluchez et taillez les patates douces en julienne, salez, poivrez et ajoutez la coriandre hachée ; faites dorer à la poêle avec un peu d'huile en formant de petites galettes à l'aide d'un emporte-pièce, retournez et mettez au four préchauffé à 180° durant 15 minutes.
3. Lavez et taillez les shiitakes en 2, puis faites-les revenir 5 minutes à la poêle, ajoutez l'émincé et faites revenir 5 à 8 minutes.
4. Versez la crème et portez à ébullition; servez aussitôt avec les faux rösti de patate douce.

LE CONSEIL DE MANU...

Vous pouvez mariner la viande la veille et rajouter 3 cuillères à soupe de yogourt nature; la viande sera encore plus tendre !

EQUAL
RIGHTS
FOR
ALL

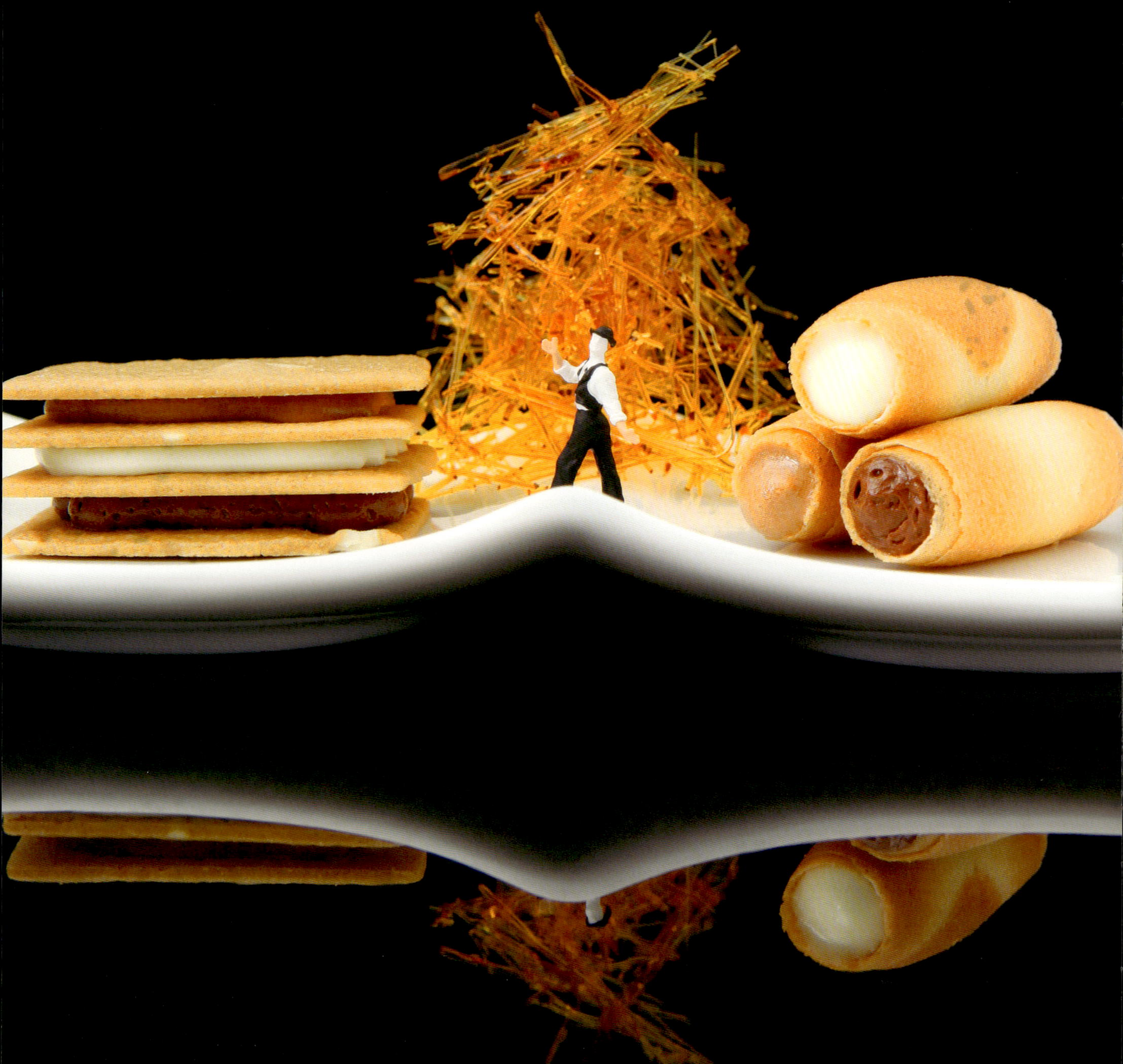

28. TRIPLE CHOC KAMBLY.

20 minutes	Difficulté : 2/6	
Plat froid	Dessert	
8 personnes	CHF 13.-	

C'EST QUOI L'IDÉE ?
La maison KAMBLY a 100 ans cette année. C'est l'occasion de découvrir ou de re-découvrir leurs petits biscuits ou leurs assortiments. Préparez des mignardises pour les vrais amateurs de chocolat !

INGRÉDIENTS
(Pour 8 personnes, 4 par personne)

- 24 biscuits «Caprice» de KAMBLY
- 32 biscuits «Butterfly» de KAMBLY
- 50 g de choc blanc
- 50 g de choc au lait
- 50 g de choc noir
- 200 g de crème 35 %

PROGRESSION
1. Taillez séparément les 3 chocolats en petits morceaux et mettez-les dans des bols.
2. Fouettez la crème, elle ne doit pas être trop ferme.
3. Faites fondre les chocolats au micro-onde ou au bain-marie, puis ajoutez-y équitablement la crème fouettée en mélangeant de suite.
4. Garnissez les biscuits «Caprice» à l'aide d'une poche à petite douille lisse, puis les biscuits «Butterfly» en superposant les 3 sortes de chocolats.

LE CONSEIL DE MANU...
Consommez ce dessert dans la journée pour garder le croustillant des biscuits ! Vous allez craquer pour leur craquant !

29. MOUSSE DE DOUBLE CRÈME CREMO.

Préparer la veille	Difficulté : 5/6
Plat chaud/froid	Dessert de fête
8 personnes	CHF 24.-

C'EST QUOI L'IDÉE ?
Comment concilier le chaud/froid de la poire au vin cuit avec la mousse de double crème et ses meringues ? Mais surtout, comment alléger une crème réputée pour sa «lourdeur» et sa consistance, afin de l'alléger et la rendre plus vaporeuse ? Devenez un vrai fribourgeois ?

INGRÉDIENTS

Mousse de double crème de Gruyère :
- 250 gr de double crème Cremo
- 125 cl de lait
- 50 gr de sucre

Poire au vin cuit :
- 8 petites poires fermes
- 1 bouteille de Pinot Noir
- 250 gr de sucre
- 1 bâton de cannelle
- 2 étoiles de badianes
- 1 feuille de laurier
- 16 petites meringues

PROGRESSION

1. Épluchez les poires en laissant la queue, mélangez le sucre, le vin et les épices dans une casserole et faites bouillir; ajoutez les poires et faites cuire 1/2 heure, puis retirez du feu. Laissez le tout reposer au moins 8 heures.

2. Faites chauffer le lait et le sucre jusqu'à ébullition, ajoutez la double crème en fouettant hors feu (la crème doit être lisse), versez-la dans un siphon et laissez reposer au froid au moins 8 heures.

3. Récupérez le vin cuit après 8 heures, filtrez-le afin de le cuire jusqu'à ce qu'il devienne sirupeux.

4. Taillez les poires en 2 dans la largeur et videz la partie inférieure à l'aide d'une cuillère Parisienne.

5. Ajoutez une cartouche de gaz dans votre siphon, puis dressez la poire en la garnissant avec la mousse, les petites meringues et le sirop de vin cuit.

LE SECRET DE MANU...
Vous pouvez utiliser le reste du sirop de vin cuit aux épices pour assaisonner vos salades de fruits, ou comme sirop à l'eau !

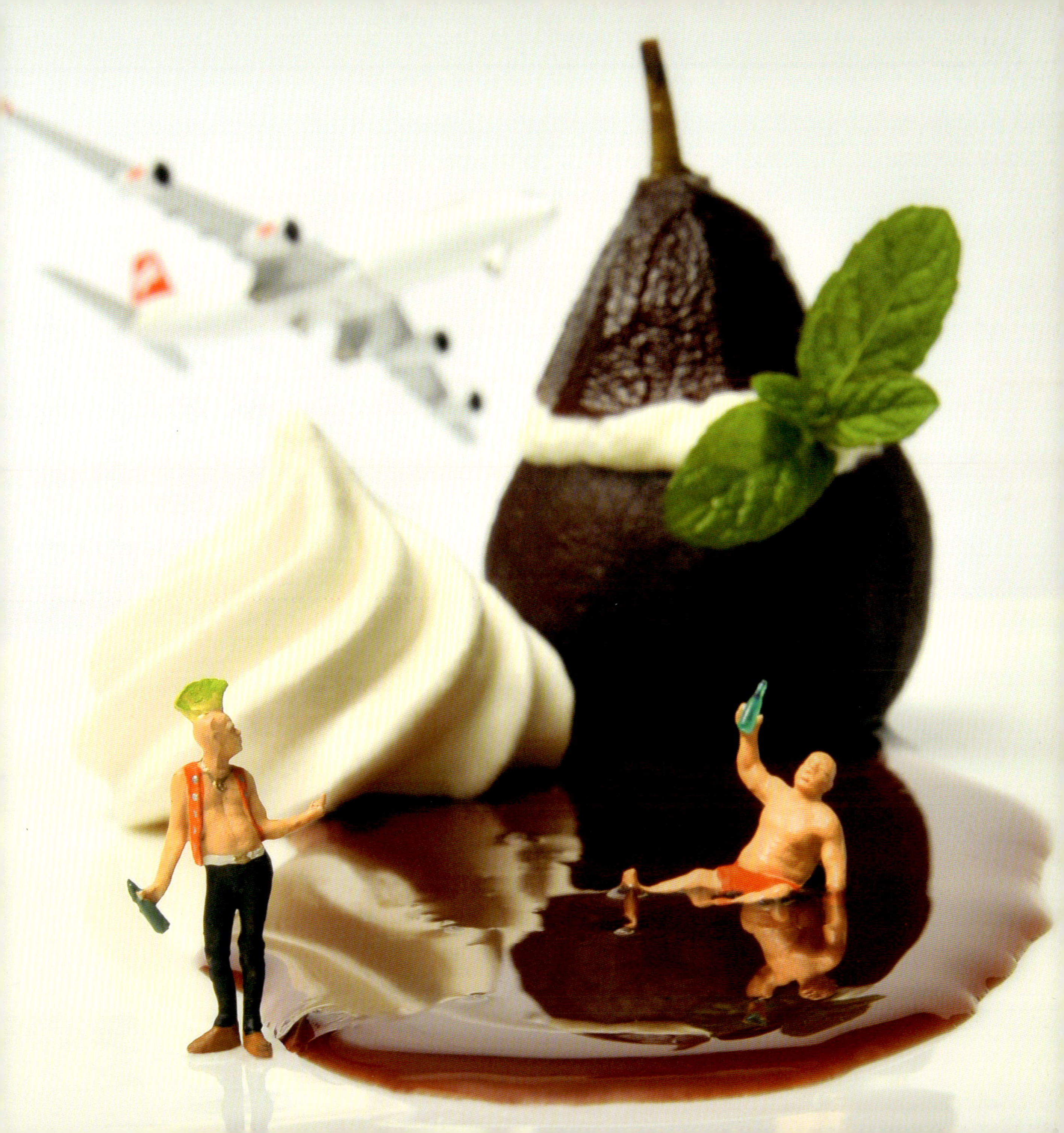

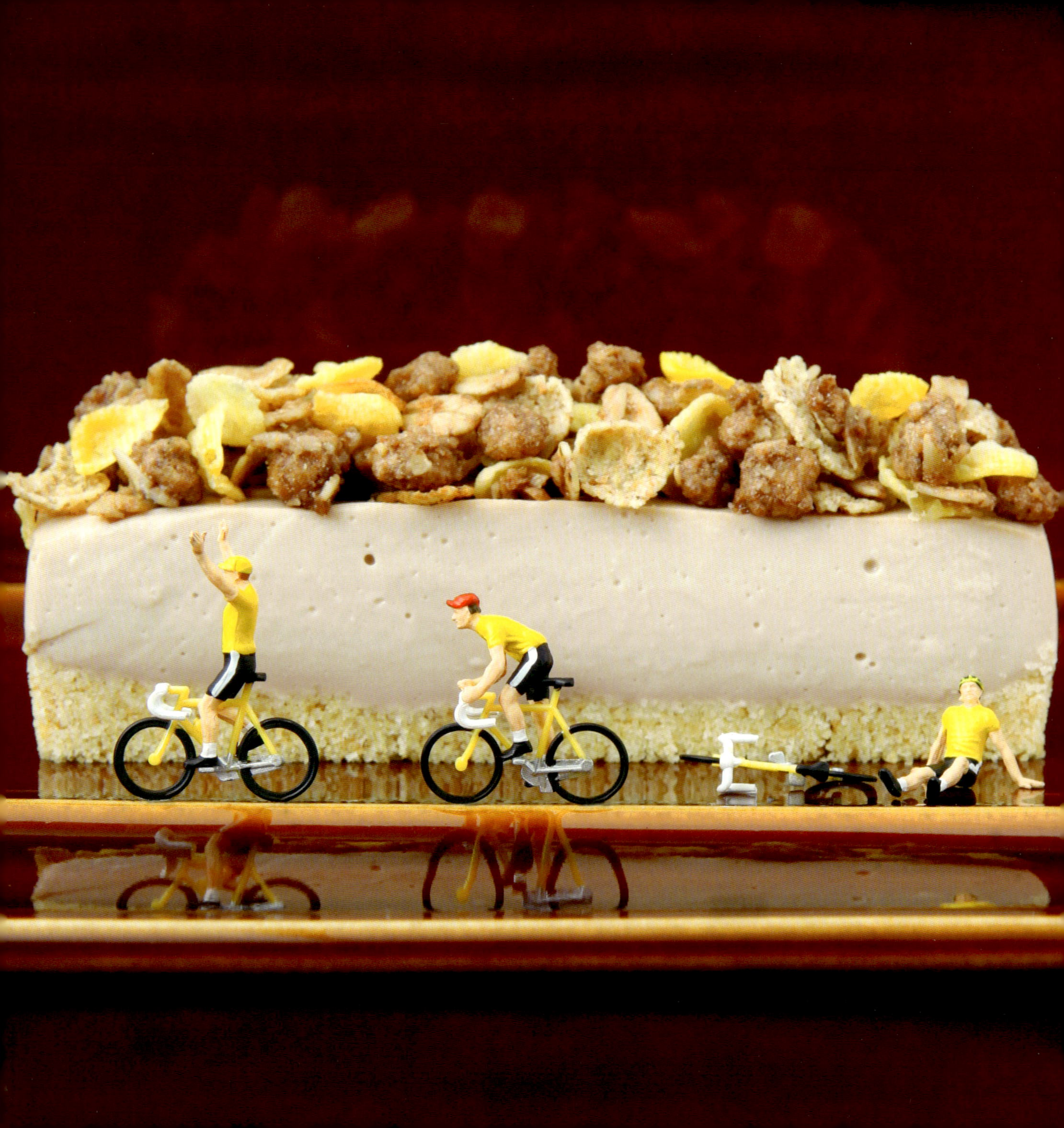

30. OVO CHEESECAKE.

30 minutes	Difficulté : 3/6	
Plat froid	Dessert	
8 personnes	CHF 15 .-	

C'EST QUOI L'IDÉE ?
Qui a dit que les sportifs n'avaient pas le droit de manger des gâteaux ? Sûrement un gâteux ! Voici donc le premier Cheesecake à l'Ovomaltine. C'est de la dynamique !

INGRÉDIENTS
- 400 g de Philadelphia nature
- 500 g de yogourt nature
- 130 g de beurre
- 6 feuilles de gélatine
- 50 g de poudre Ovomaltine
- 250 g de biscuit cuillère
- 100 g de sucre
- 150 ml de lait chaud
- 100 g de müesli Ovomaltine

PROGRESSION
1. Écrasez, à l'aide d'un rouleau à pâtisserie, le biscuit en poudre dans un sachet plastique, puis mélangez avec le beurre fondu. Ensuite étalez en pressant à l'aide du dos d'une cuillère le mélange au fond d'un cercle (24 cm de diamètre) sur du papier sulfurisé.
2. Mettez la gélatine dans l'eau froide, puis faites-la fondre dans le lait chaud, ajoutez le sucre, la poudre d'Ovomaltine, le yogourt et le Philadelphia, fouettés préalablement.
3. Garnissez le cercle et laissez prendre 2 heures au réfrigérateur.
4. Rajoutez le müesli au moment de servir pour qu'il reste croquant.

LE CONSEIL DE MANU...
Vous pouvez tester cette recette avec toutes sortes de purées de fruits, à raison de 100 g par recette et 100 g de lait. Puis garnissez de fruits frais. Comme ça vous mangerez vos 5 fruits par jour !

31. MOUSSE DE LÄCKERLI AU GRAND MARNIER.

30 minutes	Difficulté : 3/6
Plat froid	Dessert
8 personnes	CHF 10.-

C'EST QUOI L'IDÉE ?

Les fameux Läckerli de Bâle, c'est bon, mais ça colle aux dents ! Comment garder ce goût si particulier en le transformant en une texture fondante et rafraîchissante ? Mission possible !

INGRÉDIENTS

- 300 g de Läckerli Huus de Bâle
- 2,5 dl de lait chaud
- 3 feuilles de gélatine
- 2 dl de crème à 35 %
- 2 blancs d'œuf
- 2 cuillères à soupe d'eau
- 2 cuillères à soupe de Grand Marnier

PROGRESSION

1. Taillez en morceaux les Läckerli, versez le lait chaud, laissez reposer 10 minutes et mixez finement.
2. Faites chauffer l'eau avec le Grand Marnier afin d'y dissoudre la gélatine. Incorporez le tout à la masse de Läckerli. Laissez 10 minutes au frais.
3. Incorporez délicatement la crème fouettée, puis les blancs en neige.
4. Laissez au frais 1 heure avant de déguster.

LE CONSEIL DE MANU...

Je vous propose d'accompagner la mousse d'une salade d'agrumes parfumés avec un sirop à la cannelle. «Alles gut !»

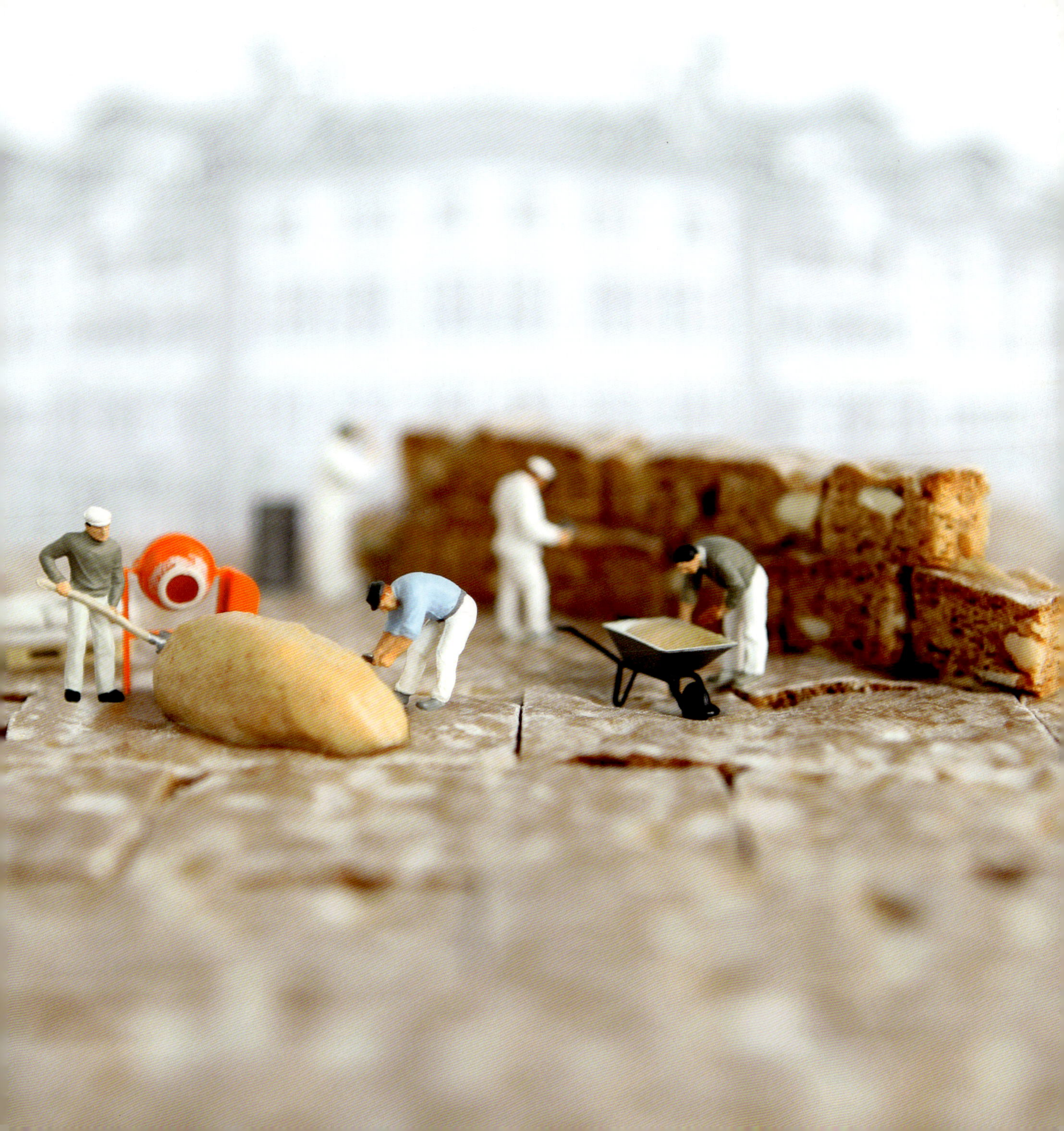

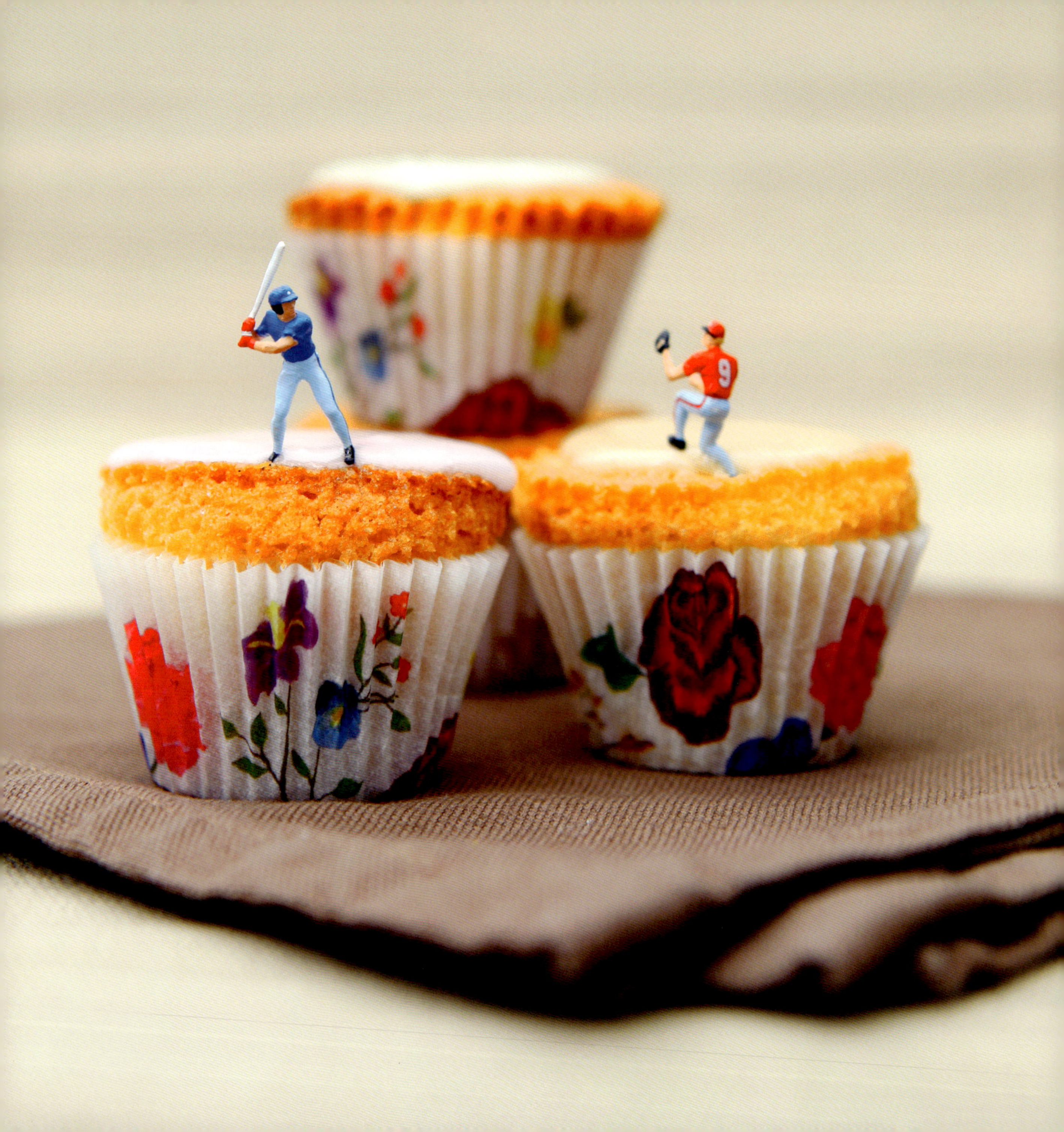
9

32. MUFFINS AUX BONBONS HALTER.

- 30 minutes
- Plat froid
- 8 personnes
- Difficulté : 3/6
- Dessert ou goûter
- CHF 8.-

C'EST QUOI L'IDÉE ?
Dédiée aux amateurs de bons bonbons, voici une recette de gâteaux «Halterisés» ! Pour cela il vous suffira de glacer et de parfumer des Muffins, pour retrouver les différents goûts des fameuses pastilles Halter. Tous «Halter-egos» devant les muffins !

INGRÉDIENTS
- 2 œufs
- 120 g de sucre
- 140 g de farine
- 2 cuillères à soupe de yogourt nature
- 1 sachet de levure chimique
- 1 pincée de sel
- 100 g de beurre fondu
- 100 g de noix de coco râpée
- 50 g de pastilles Halter
  (Melon, Pomme verte ou Café…)
- 50 g de sucre glace
- Jus d'1 demi-citron

PROGRESSION
1. Mélangez au fouet le sucre avec les œufs, ajoutez la levure, le sel, la farine, le yogourt, puis le beurre fondu. Battez vigoureusement au fouet.
2. Ajoutez la noix de coco râpée et mélangez de nouveau.
3. Garnissez au 2/3 vos moules à muffins et mettez-les au four préchauffé à 180° pendant 20 minutes.
4. Réduisez en poudre les bonbons Halter à l'aide d'un pilon, ajoutez le sucre glace et le jus de citron ; la consistance doit être épaisse.
5. Nappez à la cuillère les muffins et laissez sécher 30 minutes.

LE CONSEIL DE MANU…
Utilisez des caissettes en papier plissé pour cuire vos muffins; il en existe de très belles et elles permettent une meilleure conservation. Comme ça ce sera bon et beau !

33. CRÈME BRÛLÉE AU TOBLERONE.

🍲 1 heure	Difficulté : 3/6
🍽 Plat tiède	Dessert
😊 8 personnes	🐷 CHF 8.-

C'EST QUOI L'IDÉE ?
Comment réinventer un dessert vu et revu mais pas toujours réussi ni digeste ? La recette la plus simple de la crème brûlée est enfin à votre portée ! Après beaucoup d'essais, la voici «swiss made» avec ce goût inimitable de chocolat au nougat.

INGRÉDIENTS
- 5 jaunes d'œufs
- 80 gr de sucre semoule
- 1/2 litre de crème liquide 35 %
- 1 bâtonnet de Toblerone (100 gr)
- 40 gr de sucre cassonade

- 1 petit chalumeau: CHF 35.-

PROGRESSION
1. Ouvrez votre bâtonnet de Toblerone et cassez-le en morceaux, mettez dans la crème et faites chauffer doucement.
2. Dans un saladier «blanchissez» les jaunes et le sucre sans faire mousser, ajoutez la crème bouillante tout en remuant délicatement et passez au chinois.
3. Laissez reposer 10 minutes et allumez votre four à 90°.
4. Versez doucement la crème dans vos verrines (porcelaine ou verre). Faites cuire 1 heure : la crème doit être tremblante.
5. Laissez refroidir, puis caramélisez au moment de servir à l'aide d'un petit chalumeau.

L'ASTUCE DE MANU...
Vous pouvez aussi caraméliser avec un fer à chauffer comme dans les bonnes tables. Ça va croustiller !

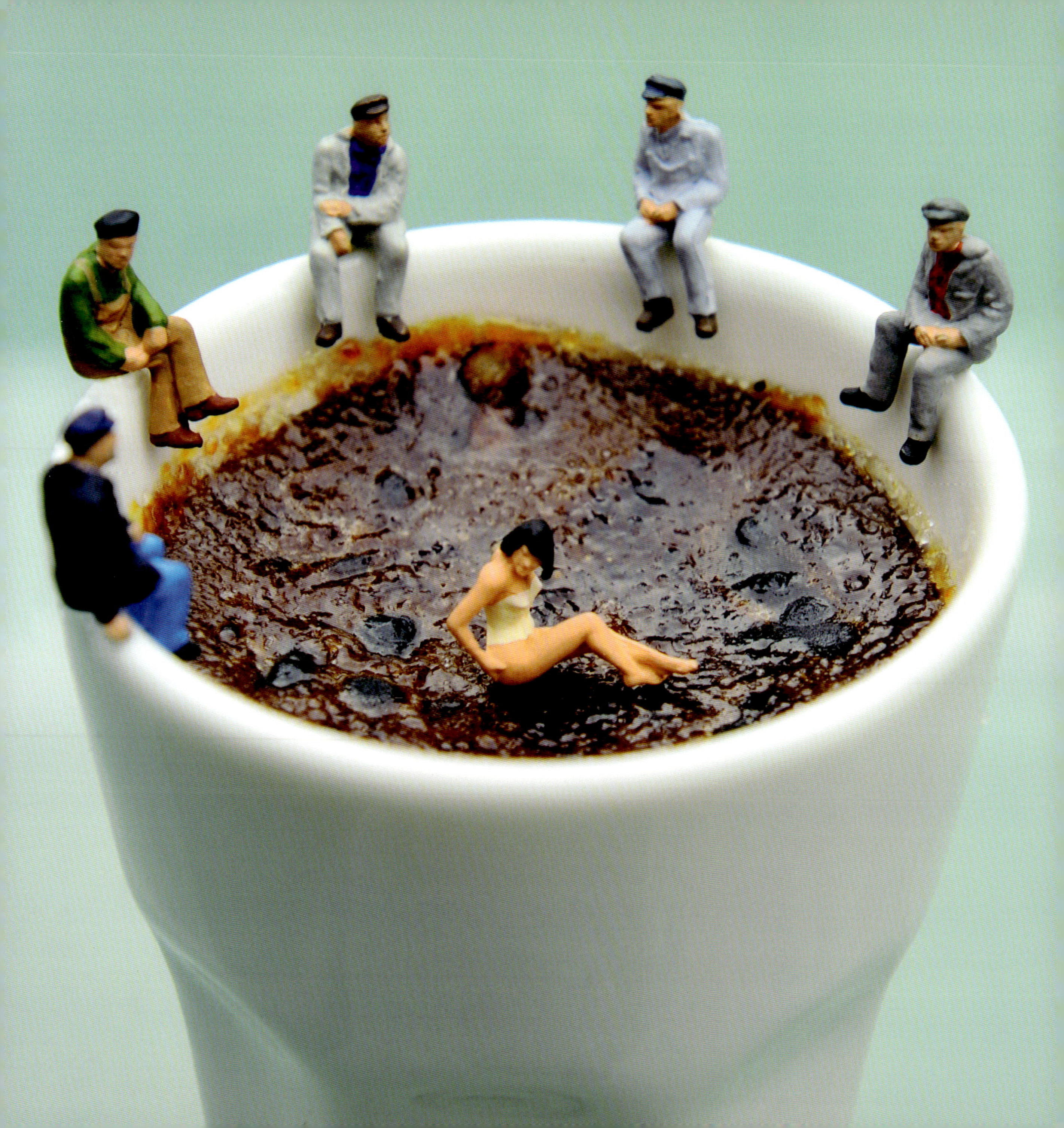

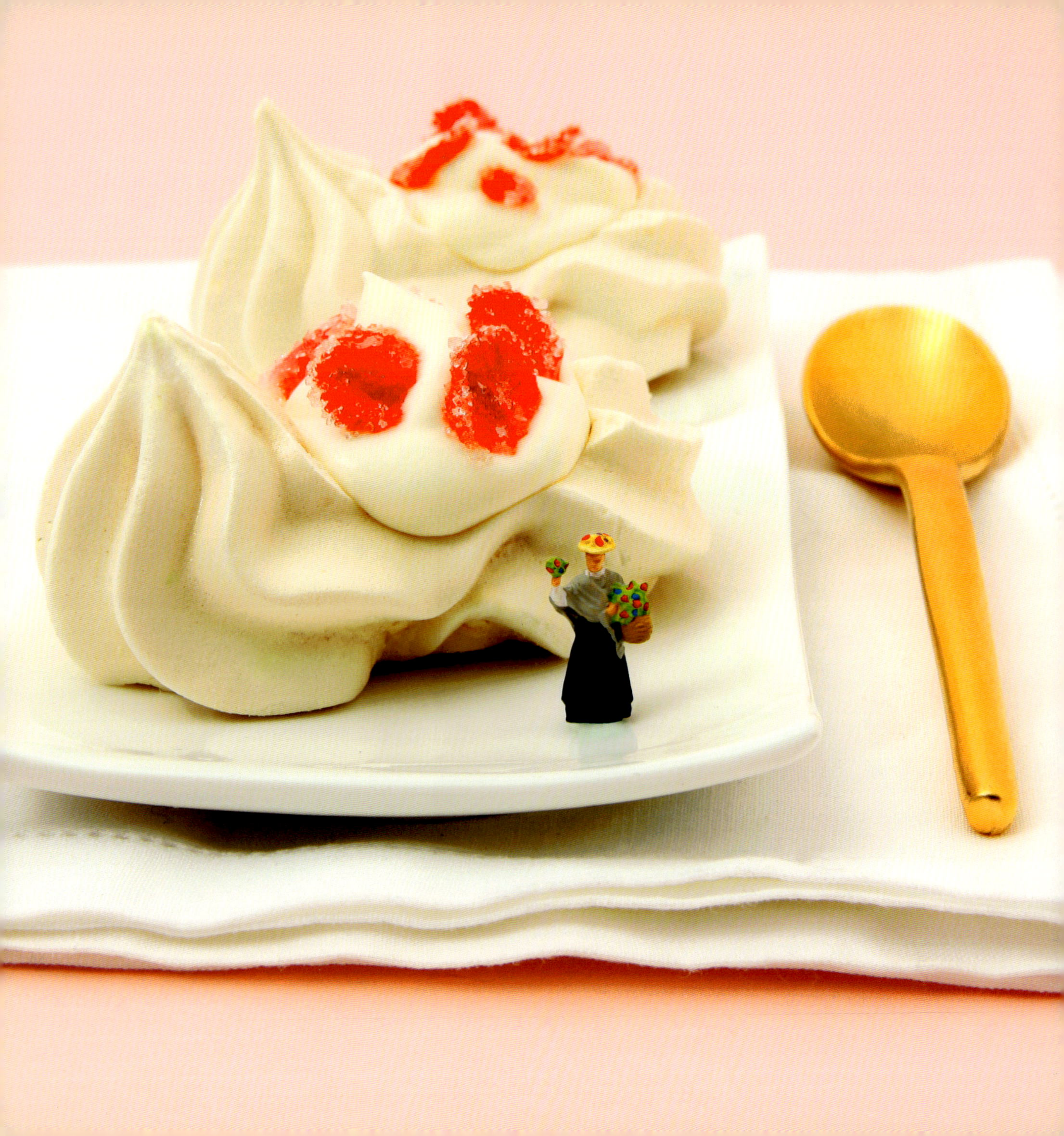

34.
MERINGUES HUG AUX ŒILLETS ALPINS CRISTALLISÉS.

30 minutes	Difficulté : 2/6
Plat froid	Dessert
8 personnes	CHF 12.-

C'EST QUOI L'IDÉE ?
Pourquoi ne pas associer les meringues Hug à l'œillet alpin, une fleur comestible extrêmement parfumée qui pousse de mai à octobre, lors des hivers doux ? Contrairement à l'edelweiss, celle-ci, vous pouvez la cueillir !

INGRÉDIENTS

- 8 meringues Hug
- 2 dl de crème montée
- 1 bouquet d'œillet alpin
- 1 blanc d'oeuf
- 1 tasse à café de sucre en poudre

PROGRESSION

1. Ôtez la partie blanche des fleurs et gardez les pétales.

2. Munissez-vous d'une pincette pour plonger les pétales dans le blanc d'œuf puis dans le sucre semoule. Laissez les pétales sécher sur une assiette dans un endroit chaud.

3. Creusez l'intérieur des meringues. Garnissez-les de crème montée et parsemez les pétales cristallisées.

LE CONSEIL DE MANU...
C'est le bouquet ! Vous pouvez garder les pétales 2 jours. Essayez avec d'autres fleurs comestibles comme les violettes.

35. CROSTATA À LA CONFITURE HERO.

	30 minutes	Difficulté : 2/6
	Tarte chaude	Dessert ou goûter
	8 personnes	CHF 7.-

C'EST QUOI L'IDÉE ?
Réussir une tarte d'origine italienne, facile à préparer tout l'année, grâce aux multiples parfums des confitures Hero. Devenez le héros de vos enfants !

INGRÉDIENTS

- 250 g de farine
- 150 g de beurre à température ambiante
- 50 g de sucre cristallisé
- 1 œuf
- 1 jaune d'œuf
- 5 cl de crème
- Sel fin
- 300 g de confiture Hero

PROGRESSION

1. Tamisez la farine dans un saladier. Incorporez le beurre en morceaux en le malaxant avec les doigts. Le mélange doit être sableux.
2. Ajoutez le sucre et une pincée de sel. Mélangez.
3. Fouettez le jaune d'œuf et la crème, puis incorporez à la masse et laisser 30 minutes au frais.
4. Étalez la pâte dans un moule à tarte et ajoutez la confiture Hero de votre choix (fraise, abricot, orange,…).

LE CONSEIL DE MANU...
Vous pouvez utiliser l'excédent de pâte pour façonner des petits sablés, ou la congeler. Faut pas gâcher !

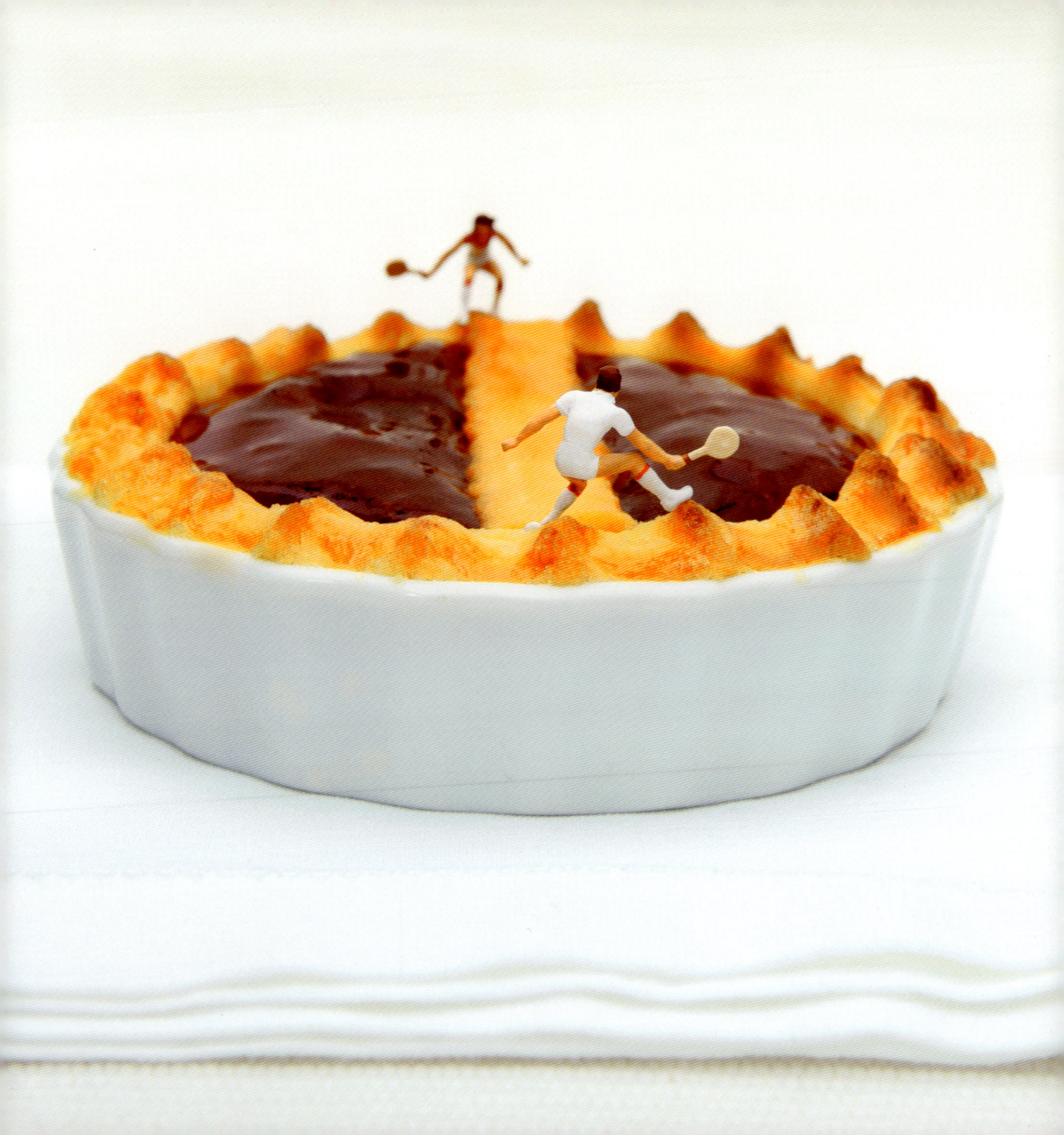

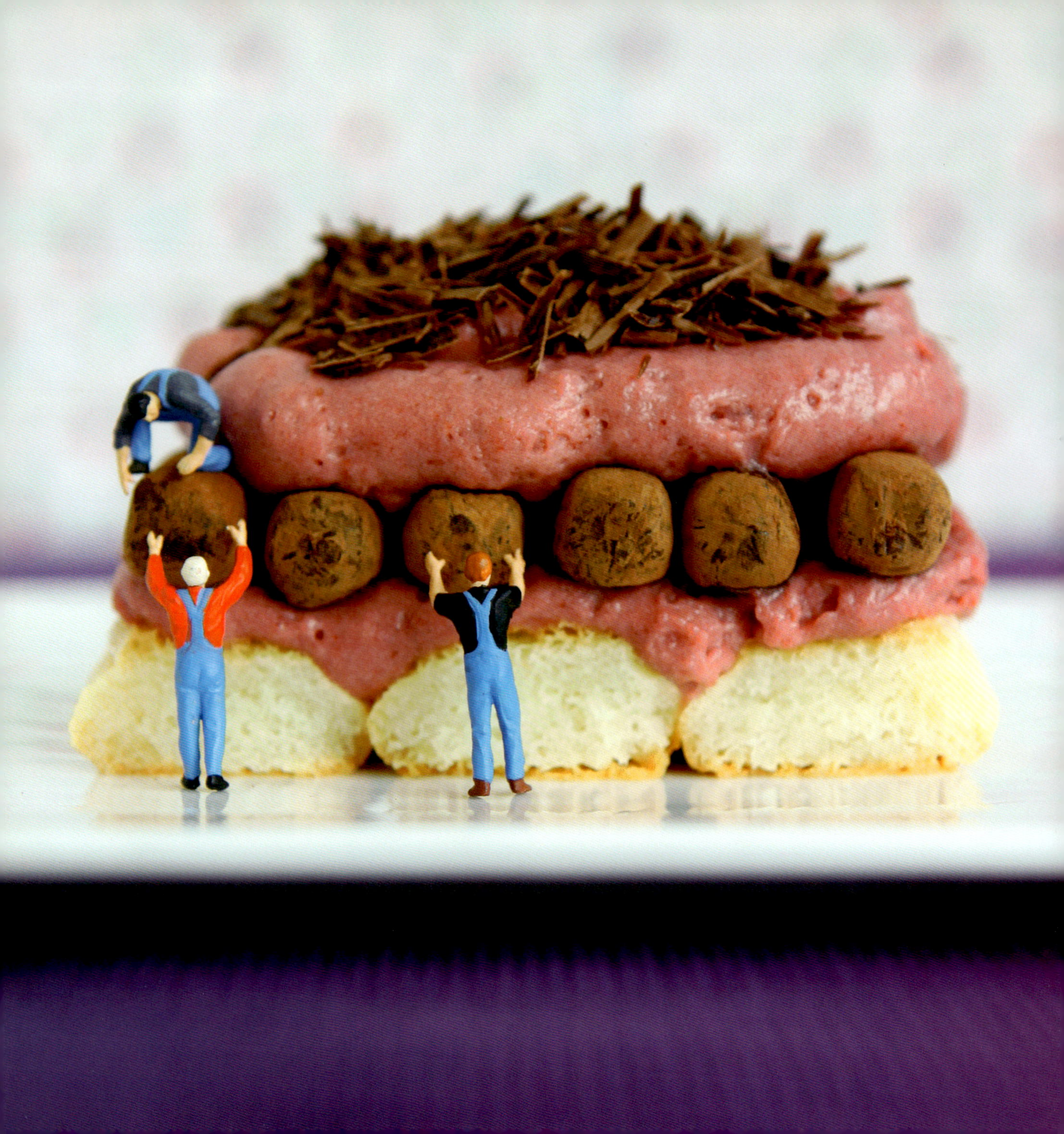

36. TIRAMISU DE FRUITS ROUGES ET BÂTONS AU KIRSCH.

30 minutes	Difficulté : 4/6	
Plat froid	Dessert	
8 personnes	CHF 28.-	

C'EST QUOI L'IDÉE ?

Vous savez tous que le «tiramisu», littéralement «tire-moi en haut» ou «emmène-moi au ciel» est un dessert italien à base de café noir. Et bien dans cette nouvelle recette vous n'en trouverez pas. Les bâtons de kirsch sont déjà assez excitants comme ça !

INGRÉDIENTS

- 500 g de mascarpone
- 5 oeufs
- 100 g de sucre
- 100 g de purée de fruits rouges
- Sirop (1/4 l d'eau avec 100 g de sucre et 5 cl de kirsch)
- 16 Bâtons de Kirsch Lindt
- 1 sachet de biscuits cuillères
- 100 g de chocolat noir

PROGRESSION

1. Séparez les œufs et montez les jaunes avec le sucre.
2. Faites monter les blancs en neige.
3. Ajoutez aux jaunes d'œufs le mascarpone, la purée de fruits rouges et les blancs d'œufs (délicatement à la spatule).
4. Réservez au frais pendant 1 heure.
5. Dressez sur assiette les biscuits trempés rapidement dans le sirop, superposez une couche de mousse au mascarpone, quelques bâtons de kirsch et de nouveau la mousse. Décorez avec des copeaux de chocolat.

LE CONSEIL DE MANU...

À la belle saison, vous pouvez utiliser des fruits frais (fraise, myrtille, framboise) à la place de la purée de fruits. Il faudra juste marcher jusqu'au marché !

37. SUCETTES GLACÉES AU CHOCOLAT CAILLER.

- 20 minutes
- Plat froid
- 10 personnes
- Difficulté : 2/6
- Dessert
- CHF 5.-

C'EST QUOI L'IDÉE ?

Entre les sucettes classiques et les glaces au chocolat habituelles, il y a la place pour une nouvelle recette de dessert pour vos chères têtes blondes : des sucettes fondantes et glacées au chocolat Cailler (l'inventeur de la tablette de chocolat) ! À vos cahiers…

INGRÉDIENTS
(Pour 10 sucettes)

- 100 g de chocolat noir Cailler
- 100 g de crème liquide à 35 %
- 10 piques en bois de 12 cm
- 1 sachet de mini billes de sucre coloré, (au rayon deco pâtisserie)

PROGRESSION

1. Faites chauffer la crème dans une casserole et portez à ébullition.
2. Ajoutez le chocolat en morceaux et mélangez jusqu'à ce qu'il soit entièrement fondu, étalez dans une assiette creuse et laissez refroidir 1 heure au réfrigérateur.
3. Coupez par sécurité la pointe des piques en bois.
4. Munissez-vous d'une mini-cuillère à glace pour faire les boules de chocolat ou façonnez-les entre vos mains. Faites-les rouler dans le sucre deco ou du cacao. Puis remettez-les au réfrigérateur 1/2 heure.
5. Piquez les boules et placez-les au congélateur pour les glacer.

LE CONSEIL DE MANU…

Vous pouvez parfumer votre chocolat en infusant des épices ou du thé dans la crème. Par exemple au piment d'Espelette ou au thé à la menthe ! Merci qui ?

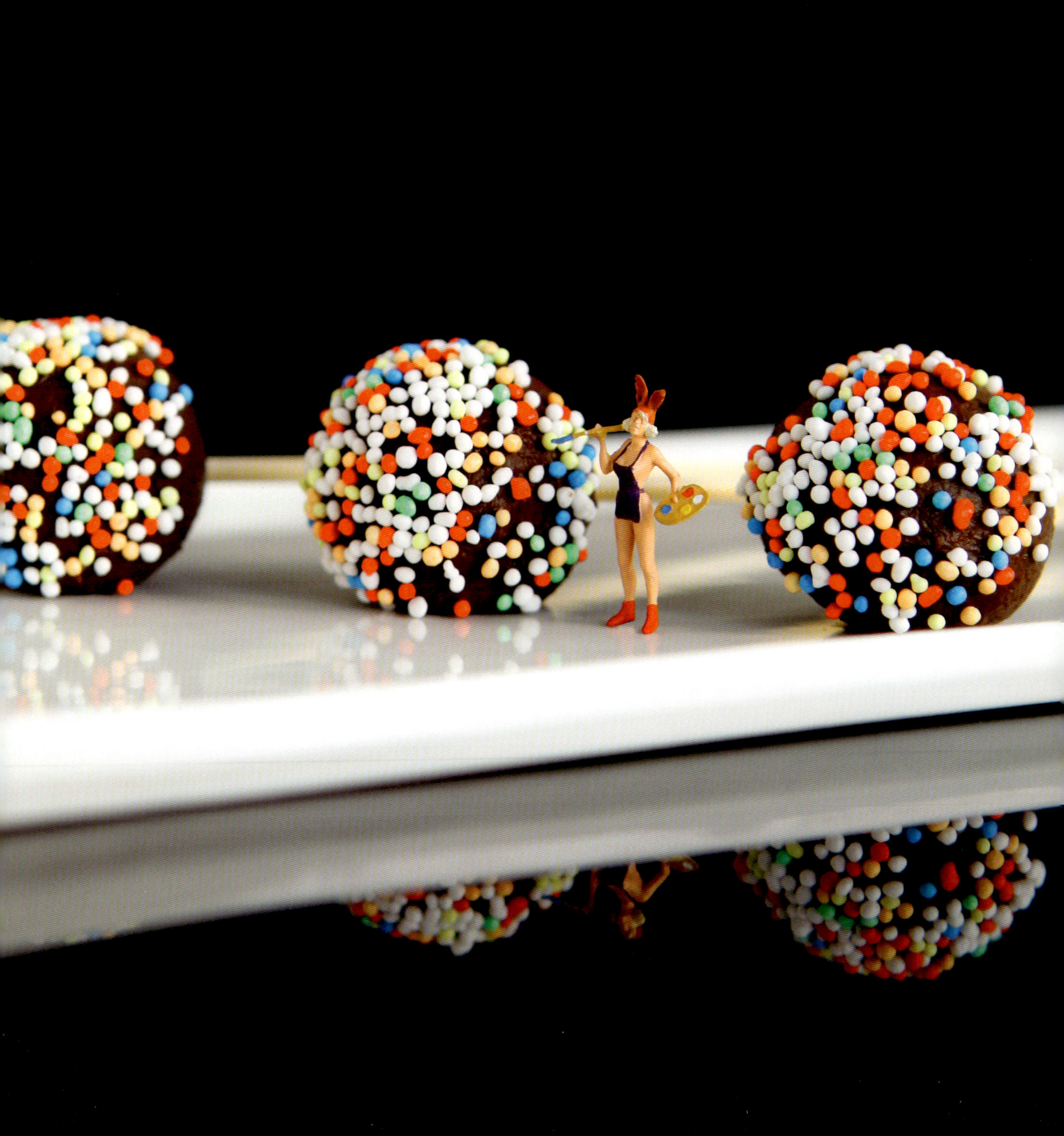

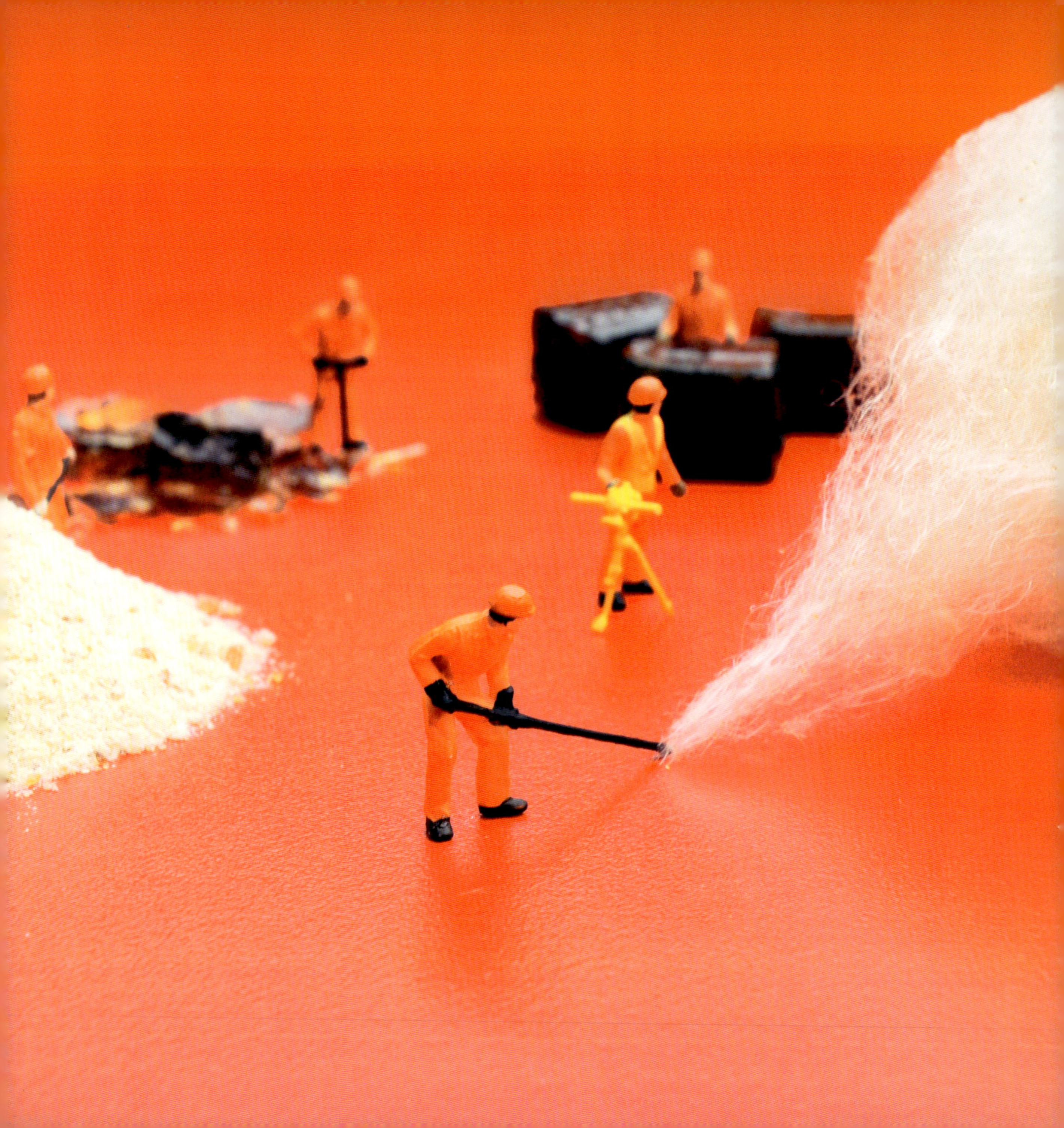

38.
BARBE À PAPA AU RICOLA.

🍲	10 minutes	Difficulté : 3/6
🍽	Plat froid	Goûter d'anniversaire
😊	8 personnes	💰 CHF 3.-

C'EST QUOI L'IDÉE ?
Destructurer pour mieux restructurer ! Ricola, notre bonbon national, est composé de 13 plantes aromatiques ; si vous ne les avez pas toutes reconnues, vous en trouverez certainement d'avantage avec cette recette. En effet, cette barbe à papa joue ici le rôle d'exhausteur de goût naturel !

INGRÉDIENTS

- 1 paquet de bonbons Ricola de 200 gr
- Piques à brochettes en bois.

Munissez-vous d'un pilon et d'une petite machine à barbe à Papa (environ CHF 50 .-)

PROGRESSION
1. Réduisez en poudre à l'aide du pilon une douzaine de bonbons.
2. Versez d'abord une cuillère à café de poudre dans la machine préalablement chauffée pour vous exercer...
3. Le tour de main consiste à récupérer les filaments avec un bâtonnet en le faisant pivoter sur lui même, tout en tournant avec la main autour du foyer.
4. Une fois cette étape maîtrisée, vous pourrez attaquer !

L'ASTUCE DE MANU...
Cette recette est aussi possible à réaliser avec tous les nouveaux parfums Ricola. À vous de choisir !

39.
MERVEILLES DE CARNAVAL AUX FRUITS ET CHANTILLY.

🥘	10 minutes	Difficulté : 2/6
🍽	Plat froid	Dessert
😊	8 personnes	💰	CHF 15.-

C'EST QUOI L'IDÉE ?
Faire un gâteau facile en un minimum de temps avec les Merveilles de Carnaval (immense succès durant le mois de février). Cela vous changera des traditionnels mille-feuilles où la part est toujours trop petite ! Là vous pouvez y aller !

INGRÉDIENTS
- 1 paquet de **Merveilles de Carnaval de la Coop**
- 1 **bombe à chantilly Floralp**
- 2 bananes, 150 g de fraises, 3 kiwis et 1 mangue mûre

PROGRESSION
1. Taillez tous les fruits en lamelles d'un demi-centimètre environ.
2. Posez une galette de Merveille sur un plat à gâteau et dessinez dessus une spirale de chantilly.
3. Disposez vos lamelles de fruits en les alternant et en suivant la spirale, puis redessinez un «Z» de chantilly sur les fruits afin de coller la prochaine galette dessus.
4. Refaites la même opération 4 fois et posez la dernière Merveille.

LE CONSEIL DE MANU...
Éssayez avec vos fruits préférés, par exemple : Merveille de framboisier ! Bon n'hésitez pas à déguster ce dessert sur une grande assiette parce que vous risquez de vous en mettre partout !

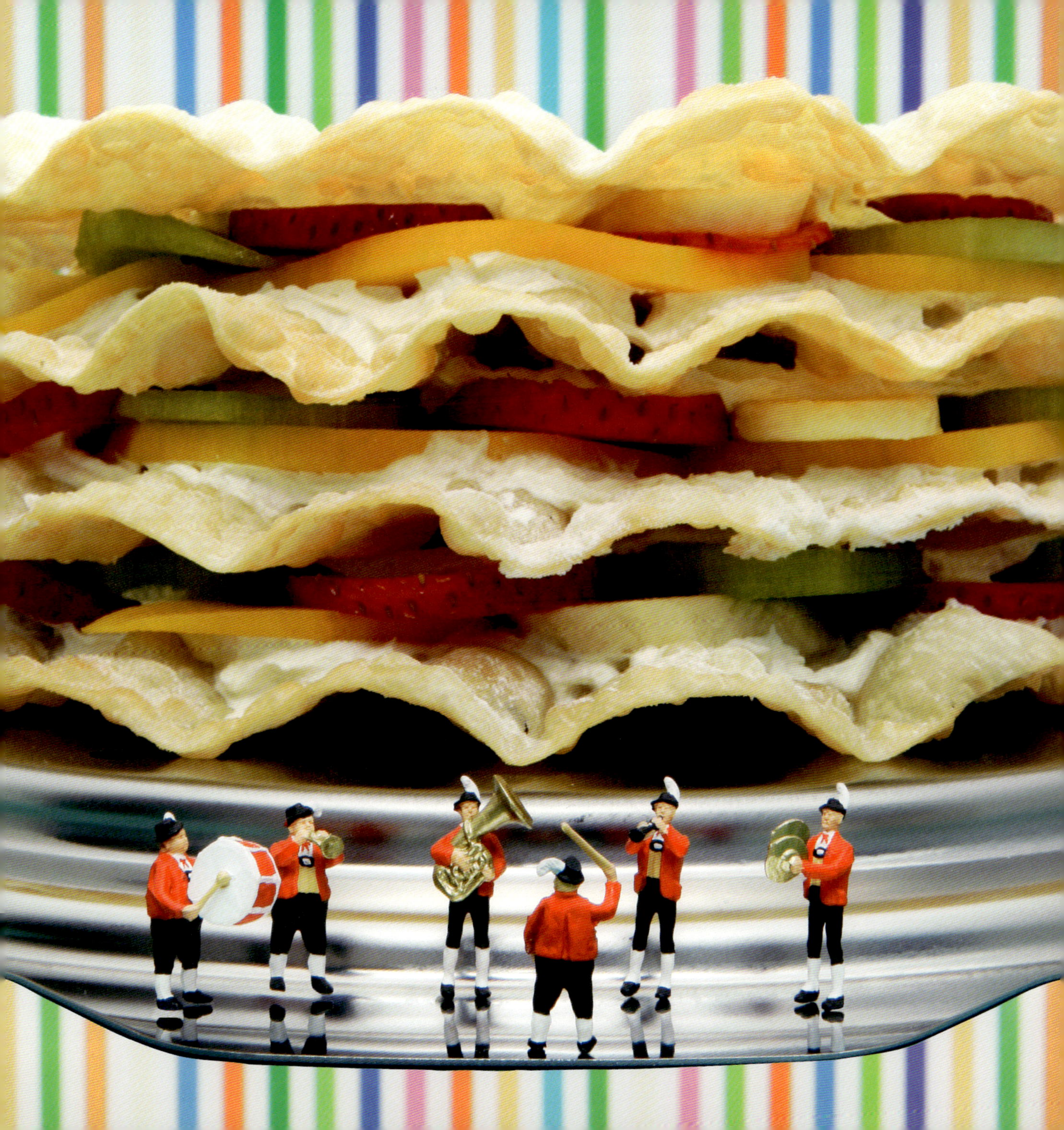

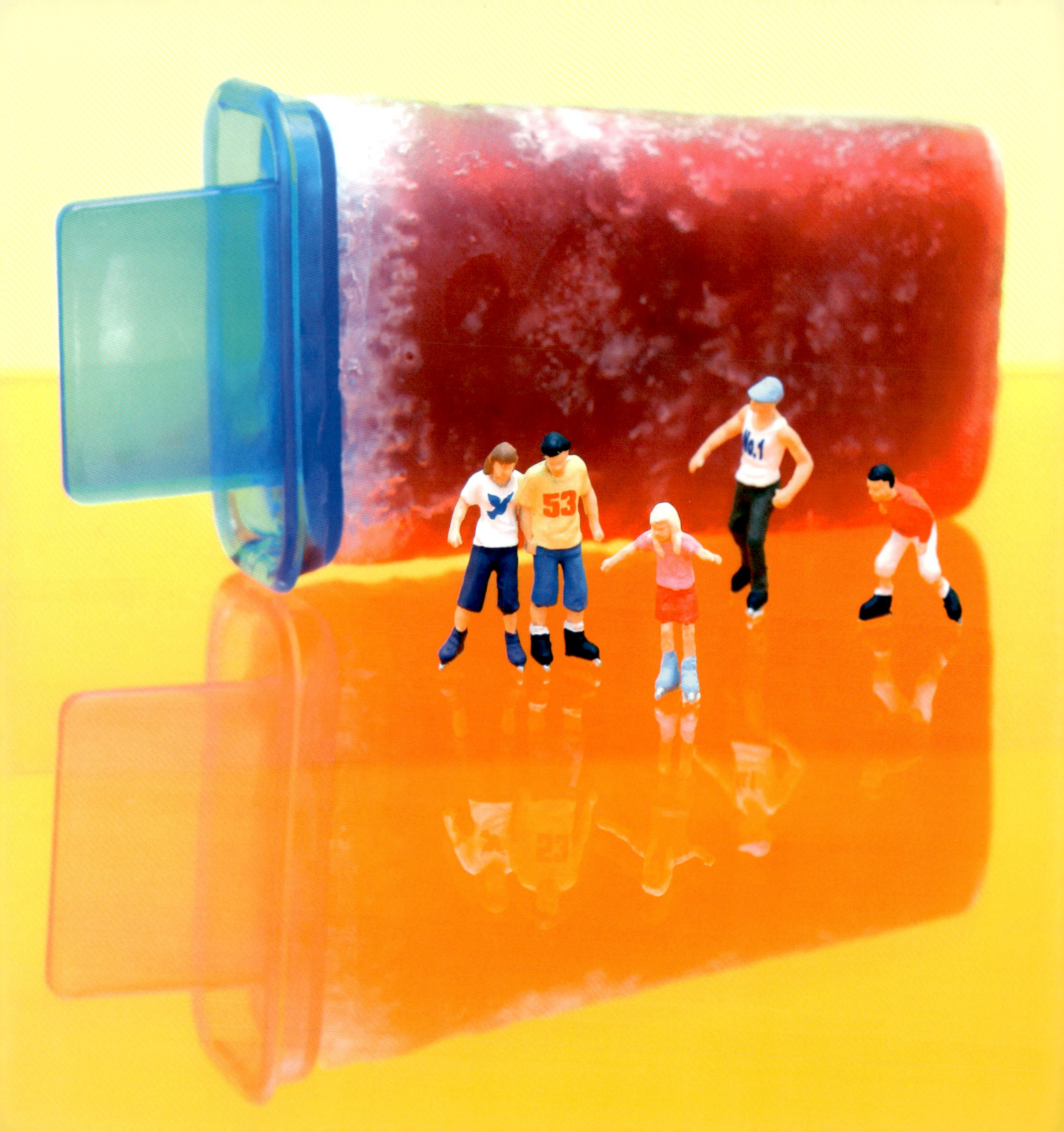
53
No.1

40.
GLACE À L'EAU GRAPILLON FAÇON MR FREEZER.

🍳	5 minutes	Difficulté : 1/6
🍨	Glace	Après midi
😊	8 personnes	💰 CHF 4.-

C'EST QUOI L'IDÉE ?
Toutes les mamans connaissent le Grapillon; l'idée est donc de faire découvrir à leur progéniture ce jus de raisin (100% de sucre de raisin naturel). Voici donc une glace des plus enfantines à réaliser. Et comme le dit leur fameux slogan depuis 1945 : «Grapillon c'est si bon !»

INGRÉDIENTS

- 1 bouteille de Grapillon 100 cl
- 8 moules à bâtons glacés (CHF 3.-)

PROGRESSION
1. Versez dans vos moules le Grapillon.
2. Mettez au congélateur au moins 3 heures.
3. Démoulez en trempant le dessous du moule dans l'eau tiède.

LE CONSEIL DE MANU...
Vous pouvez ajouter à vos moules des petits morceaux de fruits. Et puis en passant... faites donc faire cette recette à vos chères têtes blondes : ça leur changera des jeux vidéo ou de leur page facebook ! Ils se souviendront qu'il y a une pièce dans la maison qui s'appelle la cuisine...

41.
SALADE DE FRUITS DES ÎLES PARFUMÉE À L'AMIGNE.

20 minutes	Difficulté : 1/6
Cocktail	Dessert
8 personnes	CHF 18.-

C'EST QUOI L'IDÉE ?
Pourquoi ne pas parfumer une savoureuse salade de fruits exotiques à partir d'un délicieux vin de tradition ? J'ai nommé l'Amigne de Provins Valais. Ça vous changera d'une mauvaise sangria !

INGRÉDIENTS

- 2 kiwis, 1 mangue, 1 ananas, 1 grenade
- 3 dl d'Amigne de Provins Valais

PROGRESSION

1. Taillez et mélangez vos fruits en petits cubes.

2. Ajoutez l'Amigne.

3. Laissez mariner au moins 2 heures au frais.

LES CONSEILS DE MANU...
Choisissez une Amigne complètement sèche ou légèrement douce. Accompagnez votre salade de fruits de quelques petits sablés.

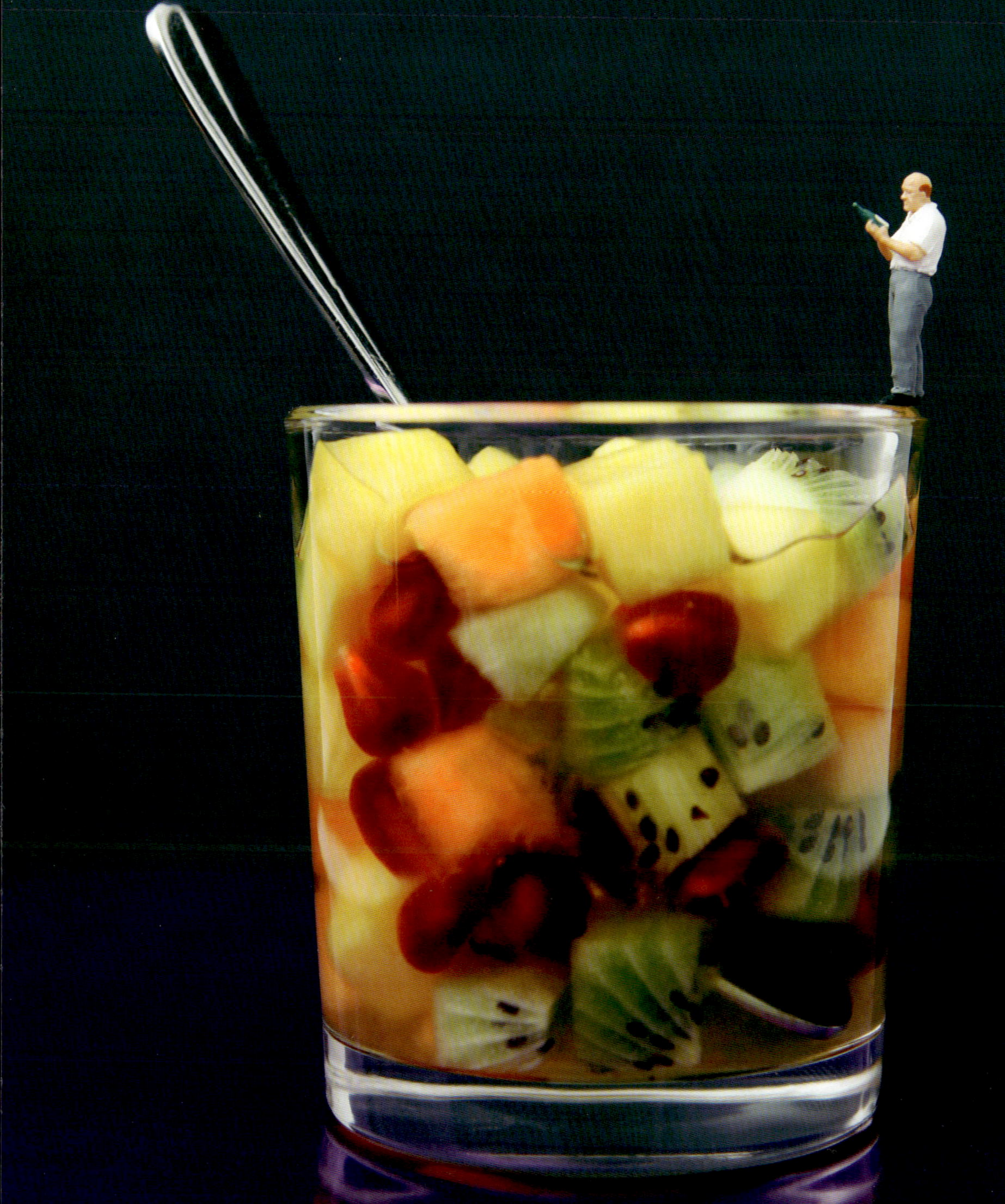

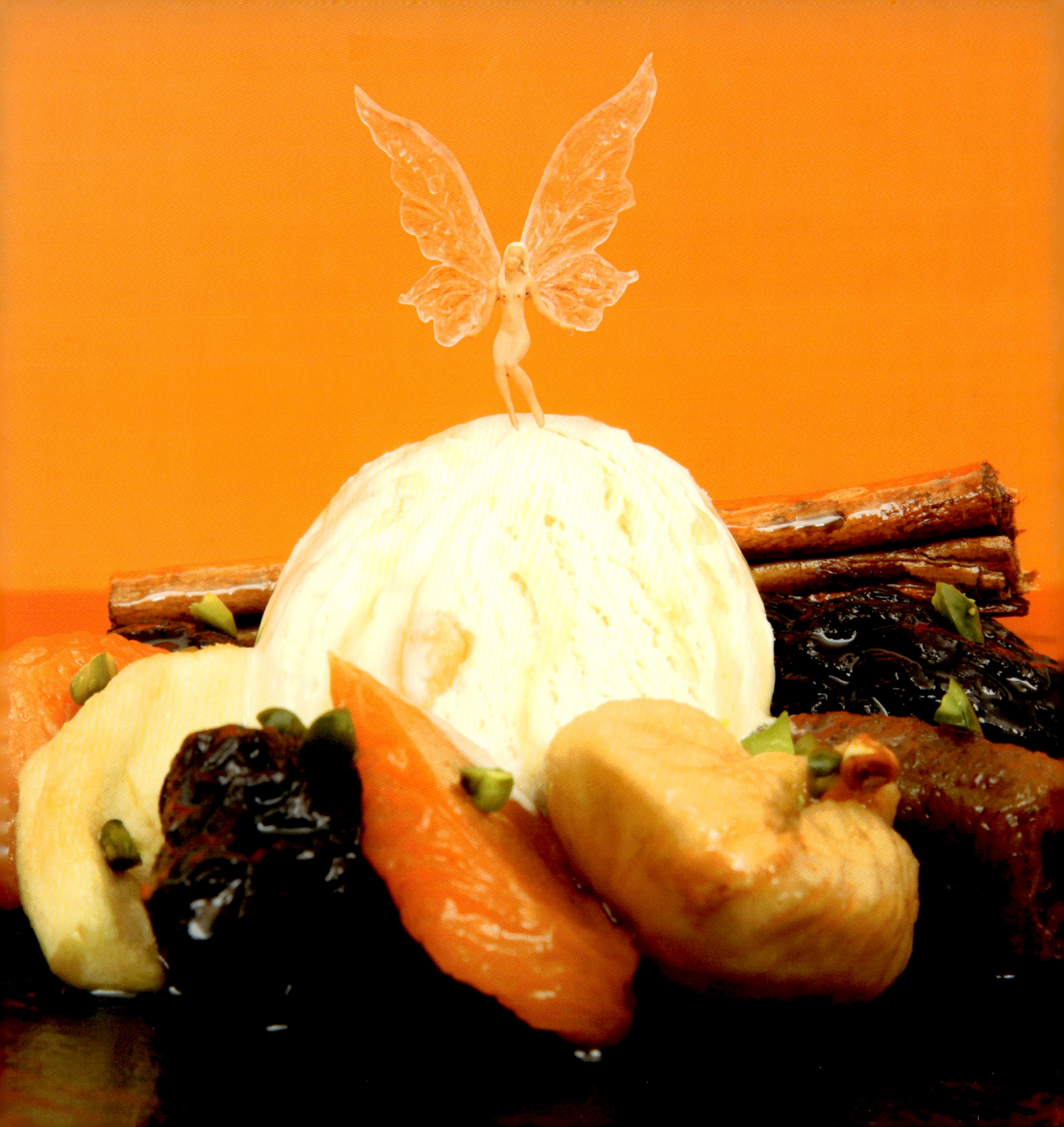

42. CRÈME GLACÉE ET FRUITS MARINÉS À LA GRAPPA.

- 30 minutes | Difficulté : 2/6
- Plat froid | Dessert
- 8 personnes | CHF 24.-

INGRÉDIENTS

- 1 pot de crème glacée Mövenpick
- 600 g de fruits séchés tels que : figue, abricot, pruneau, raisin
- 1 bâton de cannelle
- 20 cl d'eau
- 200 g de sucre
- 20 cl de Grappa
- Pistaches grillées (facultatif)

C'EST QUOI L'IDÉE ?

Vous aimez les desserts, les glaces, les digestifs ou les trois à la fois ? Et bien maintenant c'est possible avec cette recette extra et ordinaire ! Les givrés des glaces vont pouvoir s'en donner à cœur joie !

PROGRESSION

1. Faites cuire 10 minutes l'eau avec le sucre et la cannelle, puis ajoutez la grappa et laissez reposer.
2. Une fois tiède, ajoutez les fruits séchés et laissez mariner 1 nuit au réfrigérateur.
3. Le lendemain, disposez les fruits imbibés sur une assiette et accompagnez d'une boule de votre glace Mövenpick préférée : elles sont toutes bonnes !

LE CONSEIL DE MANU...

Vous pouvez aussi faire cette recette avec du rhum et des fruits séchés exotiques. Comme glace, je vous conseille la nouvelle Mövenpick double crème de la gruyère et meringue : c'est une tuerie !

43. SABAYON À LA WILLIAMINE ET POIRE VANILLÉE.

25 minutes	Difficulté : 5/6
Plat froid	Dessert
8 personnes	CHF 16.-

C'EST QUOI L'IDÉE ?
Pourquoi ne pas essayer un dessert pouvant être renouvelé avec toutes sortes de fruits et eaux de vie ? Ce dessert a plusieurs vies ! C'est parti pour un sabayon avec de la Williamine, ou de l'Abricotine, ou bien toutes les autres liqueurs de la maison Morand.

INGRÉDIENTS

- 8 poires
- 8 jaunes d'oeufs
- 160 g de sucre
- 5 cl de Williamine Morand
- 1 gousse de vanille
- 1l d'eau avec 250 g de sucre
- 40 g de chocolat fondu
- Noix grillées

PROGRESSION

1. Faites un sirop avec 1 litre d'eau, 250 g de sucre et une gousse de vanille ouverte dans sa longueur.
2. Pelez et taillez les poires en 4. Épépinez et pochez dans le sirop pendant 20 minutes puis égouttez-les.
3. Mettez les jaunes d'œufs, le sucre et la Williamine Morand dans une casserole, fouettez en formant des 8, à feu très doux, jusqu'à ce que la préparation double de volume.
4. Taillez les morceaux de poires en lamelles et répartissez-les dans 8 coupes. Versez le sabayon et ajoutez un filet de chocolat fondu et quelques noix grillées.

LE CONSEIL DE MANU...
Cette recette a l'air simple, mais attention : le sabayon est très fragile ! Vous devez maîtriser le feu pour ne pas cuire les œufs ! Mais je suis sûr que vous y arriverez…

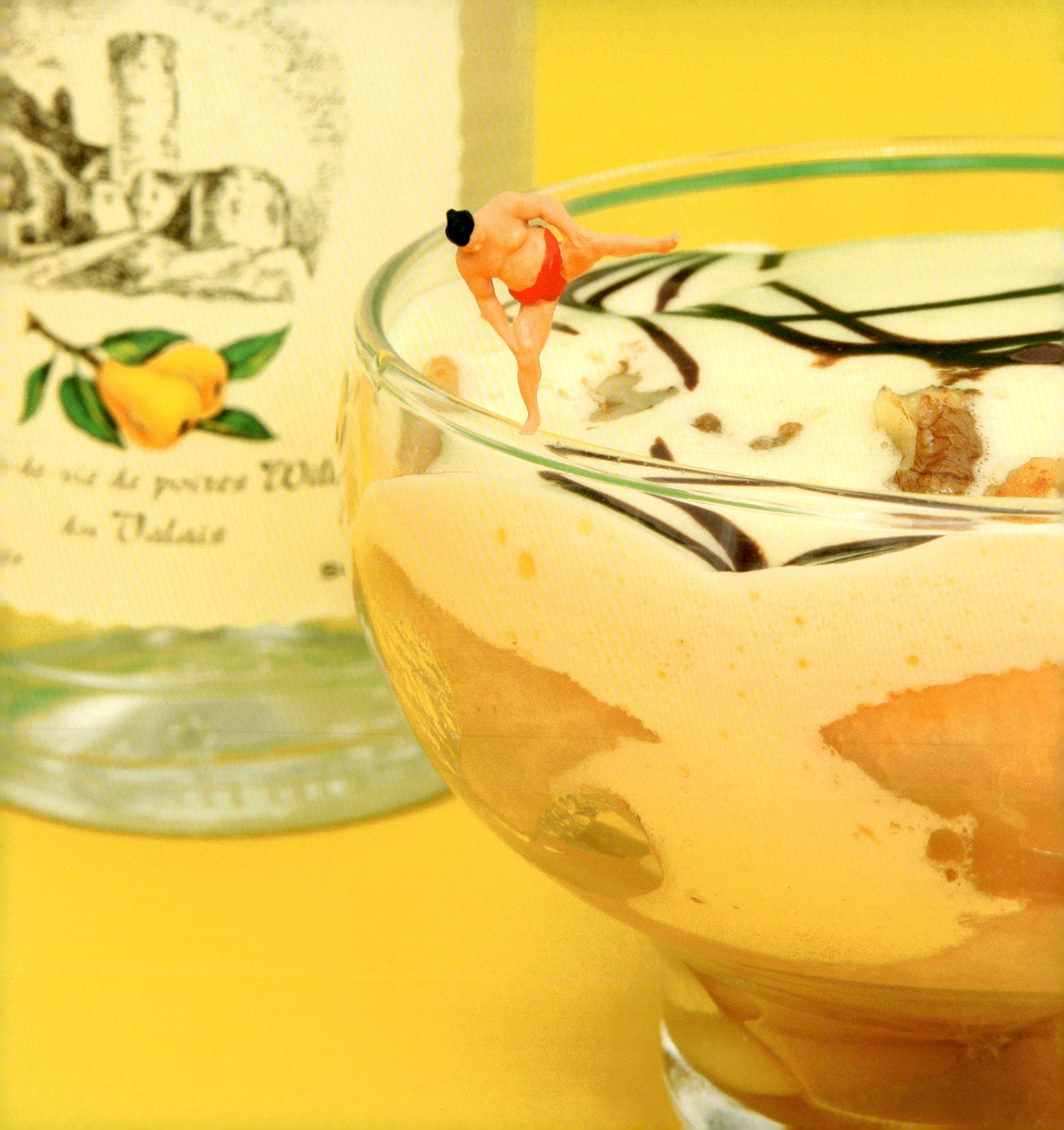

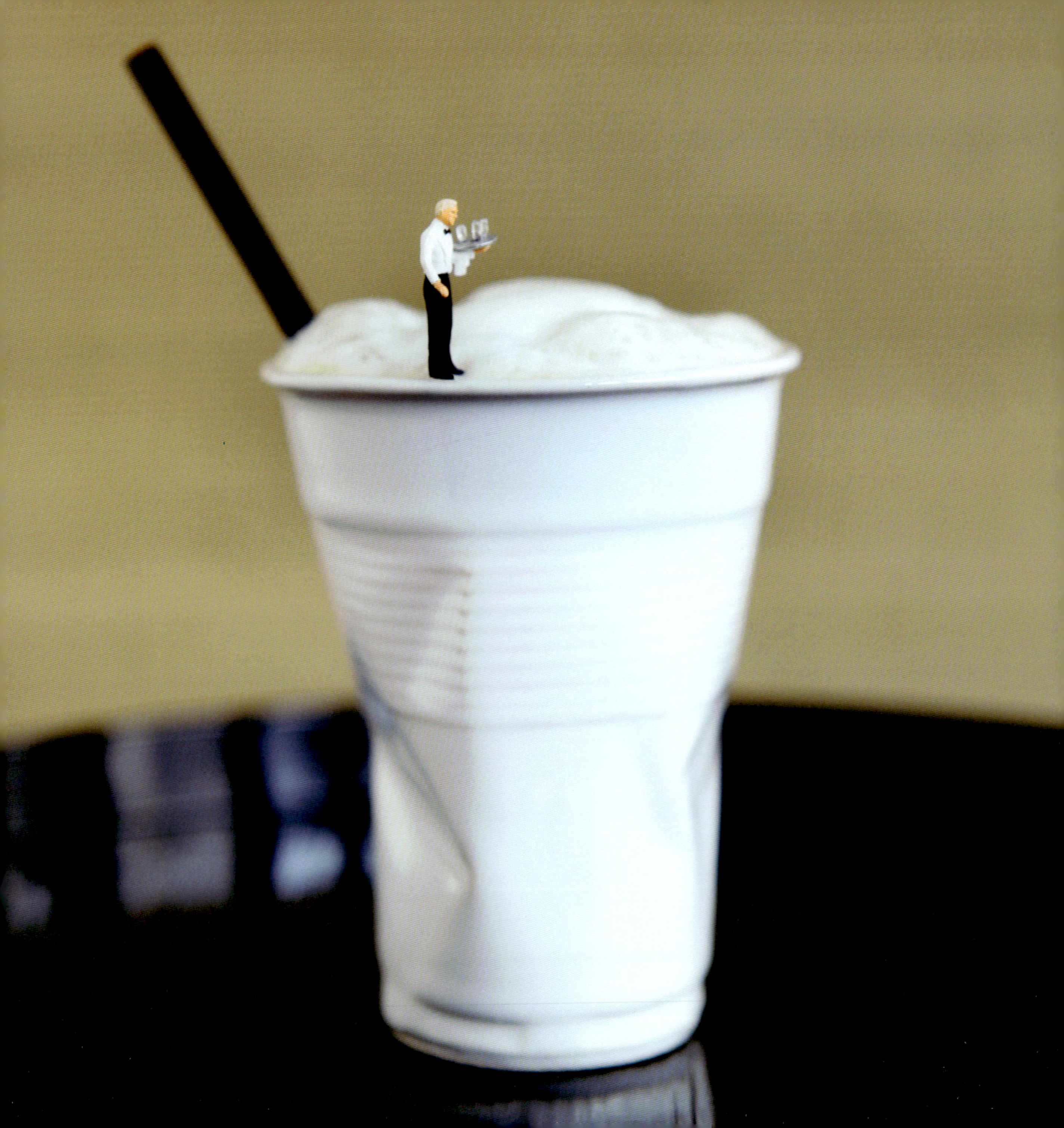

44.
MILK-SHAKE AU LAIT HEIDI.

5 minutes	Difficulté : 2/6
Cocktail	Goûter
4 personnes	CHF 12.-

C'EST QUOI L'IDÉE ?
Donnez donc l'idée aux tenanciers de terrasse de faire autre chose que des milk-shakes à la fraise ou à la banane, aussi indigestes qu'insipides ! L'été sera show !

INGRÉDIENTS
(Pour 4 milk-shakes)

- 8 dl de lait entier Heidi de Migros
- 8 boules de glace vanille
- 16 cl de Bailey's
- 1 poignée de glaçons

PROGRESSION
1. Mettez dans l'ordre : la glace vanille, le lait, le Bailey's et les glaçons dans un blender.
2. Mixez le tout.
3. Servez avec une paille.

LE CONSEIL DE MANU...
Ce milk-shake n'est que pour les adultes ! À notre âge nous n'avons plus besoin de boire du lait pour le calcium mais pour nous faire plaisir ! Essayez aussi avec l'alcool de café Kaloua ; j'en reprendrais bien un deuxième moi...

45. GRANITÉ DE MELON À L'ABSINTHE LA CLANDESTINE.

20 minutes	Difficulté : 2/6
Cocktail	Midi
8 personnes	CHF 16.-

INGRÉDIENTS

- 2 melons mûrs de Cavaillon
- 250 g de sucre en poudre
- 2 cuillères à soupe de miel
- 30 cl d'eau
- 10 cl d'absinthe La Clandestine

C'EST QUOI L'IDÉE ?

Interdite en France au début du XXème siècle (parce qu'à haute dose elle rendait fou nos voisins français), voici une absinthe suisse, plus légère, qui va accompagner un dessert vraiment rafraîchissant.

PROGRESSION

1. Faites bouillir l'eau avec le sucre, le miel et l'absinthe pendant 5 minutes. Mettez au frais 20 minutes.
2. Nettoyez les melons et retirez la chaire avec une cuillère.
3. Mixez le sirop avec la pulpe au blender et mettez le tout au congélateur.
4. Remuez le granité avec une fourchette toutes les 15 minutes.
5. Quand le granité est complètement glacé, servez dans un joli verre.

LE CONSEIL DE MANU...

Ce cocktail estival est déclinable ! Vous pouvez aussi essayer avec de la pastèque.

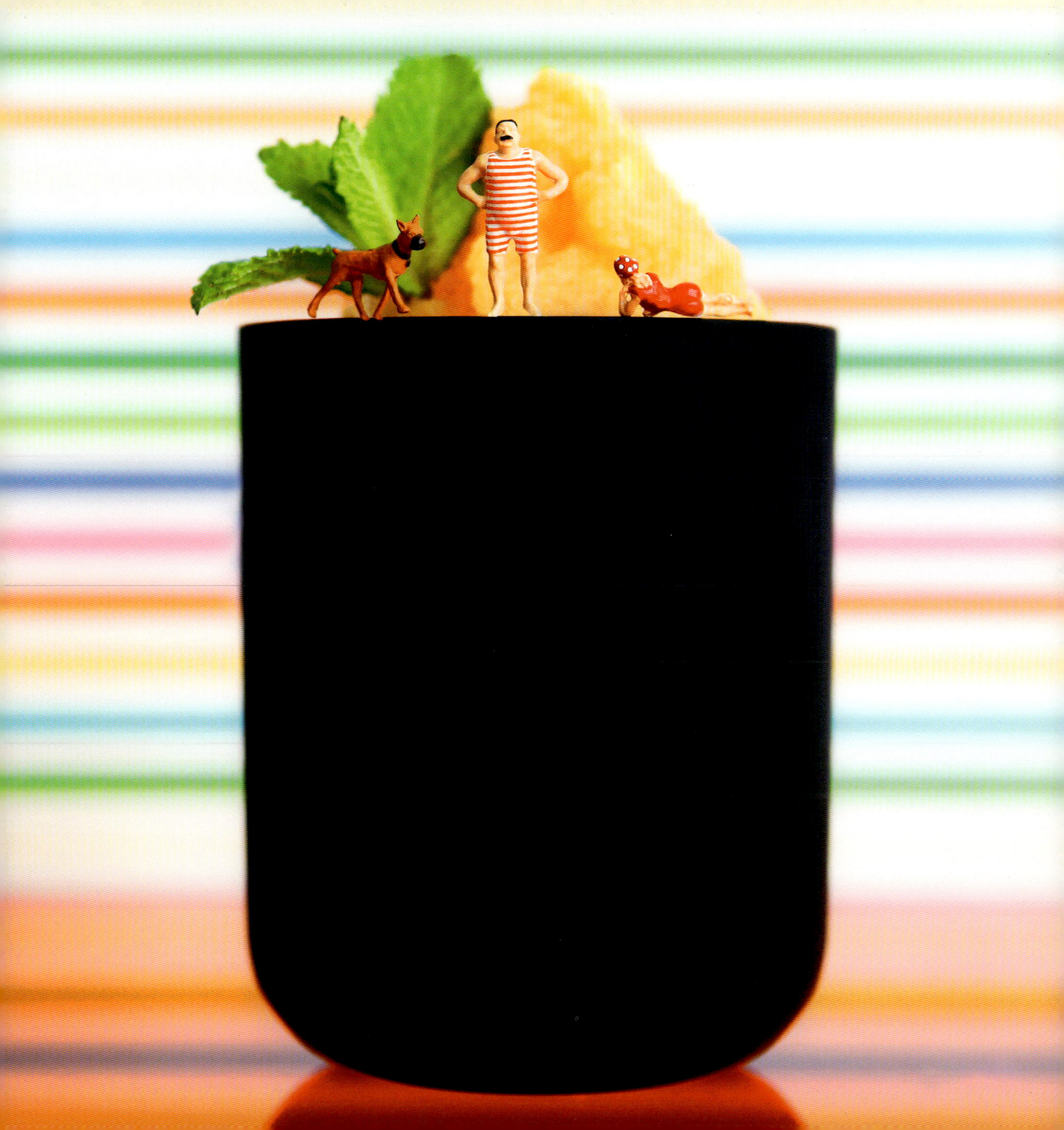

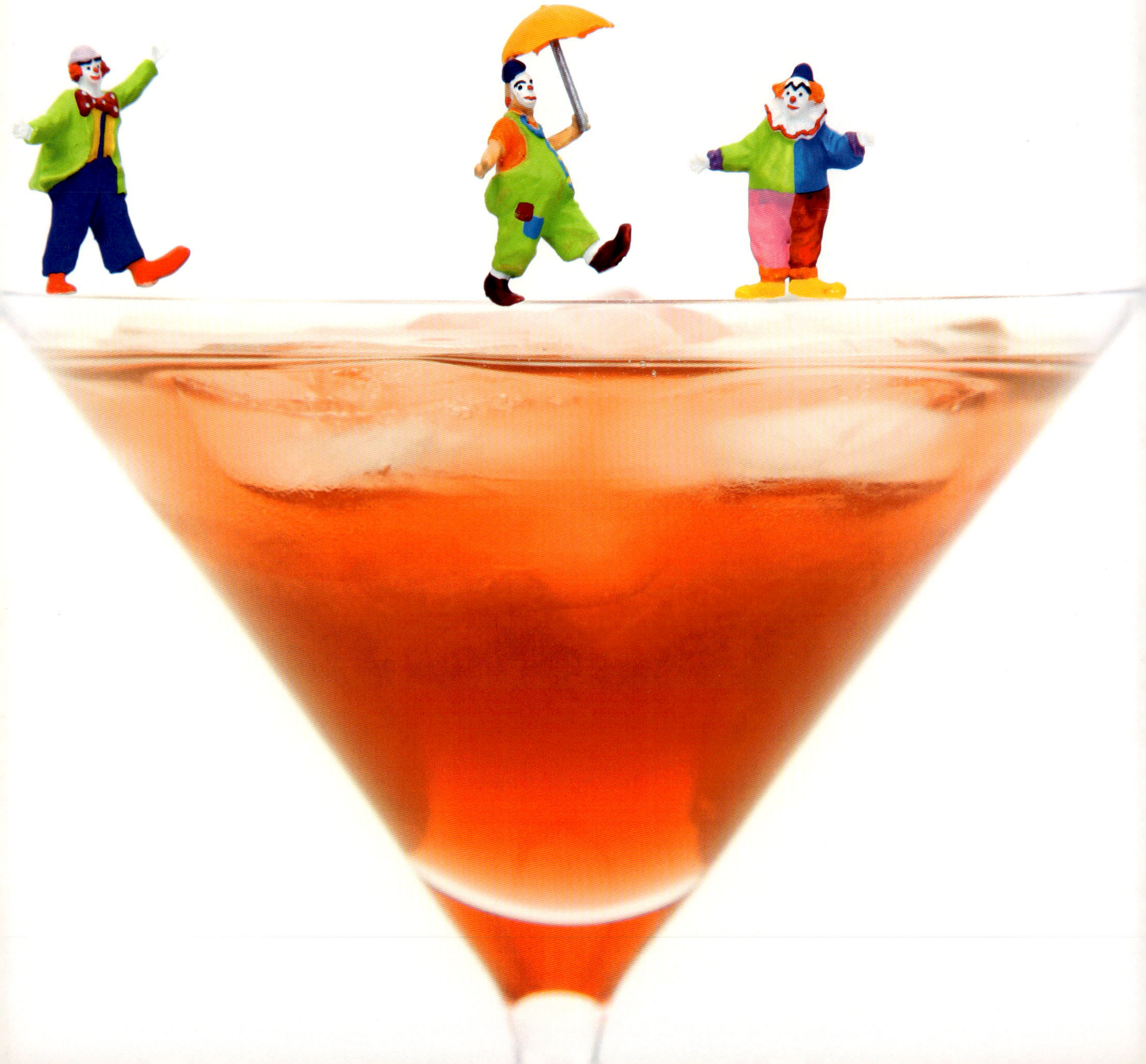

46.
ROCKET DAIQUIRI À LA VODKA XELLENT.

🍳 3 minutes	Difficulté : 1/6
🍽 Cocktail	Apéritif
👥 5 personnes	🐷 CHF 17.-

C'EST QUOI L'IDÉE ?
Faire un cocktail amusant pour les grands enfants (de plus de 18 ans !). Pas besoin d'être russe ou polonais pour savourer une bonne vodka. Xellent est excellente et en plus elle a le bon goût d'être suisse !

INGRÉDIENTS
(Pour 5 cocktails)

- 20 cl de vodka Xellent
- 5 glaces à l'eau, sorbets aux fruits type Rocket

PROGRESSION
1. Détachez vos glaces du bâton.
2. Mettez les glaces avec 20 cl de vodka dans un blender.
3. Mixez jusqu'à ce que la glace soit liquide.
4. Servez dans un verre à Martini.

LE CONSEIL DE MANU...
Givrez le bord des verres en les trempant dans du jus de citron, puis dans du sucre cristallisé. Laissez sécher 10 minutes avant de servir. Vous saurez à qui appartient le verre aux traces de rouge à lèvres !

47.
CRUSHED GINGER À LA VALSER.

🍲 20 minutes	Difficulté : 1/6
🍽 Cocktail	Toute la journée
😊 5 personnes	💰 CHF 10.-

C'EST QUOI L'IDÉE ?
Faire un cocktail d'été sans alcool que l'on peut consommer sans modération matin, midi ou soir ! Vive la Caïpi sans soucis ! Vous allez épater vos voisins : ça à l'air compliqué alors que c'est simple comme boujour à faire ! Mais vous n'êtes pas obligé de leur dire…

INGRÉDIENTS
(Pour 5 cocktails)

- 1 grande bouteille de Valser
- 2 citrons verts
- 8 kumquats
- 5 brins de menthe
- 30 gr de copeaux de gingembre
- 100 gr de sucre
- Glace pilée
- 5 pailles

PROGRESSION

1. Taillez les citrons en deux, puis en 6. Taillez les kumquats en 2.
2. Épluchez et taillez en copeaux le gingembre à l'aide d'un éplucheur.
3. Mélangez dans 5 verres solides les ingrédients précédents et une cuillère à soupe de sucre par verre. Écrasez à l'aide d'un pilon (voir photo).
4. Ajoutez quelques feuilles de menthe et de la glace pilée.
5. Remplissez d'eau Valser et mélangez le tout à l'aide d'une cuillère. Il ne reste plus qu'à planter la paille !

LES CONSEILS DE MANU…
L'abus de ce cocktail n'est pas dangereux pour la santé ! Vos enfants peuvent enfin laisser tomber «le champagne pour enfant» ou ces boissons énergisantes si énervantes.

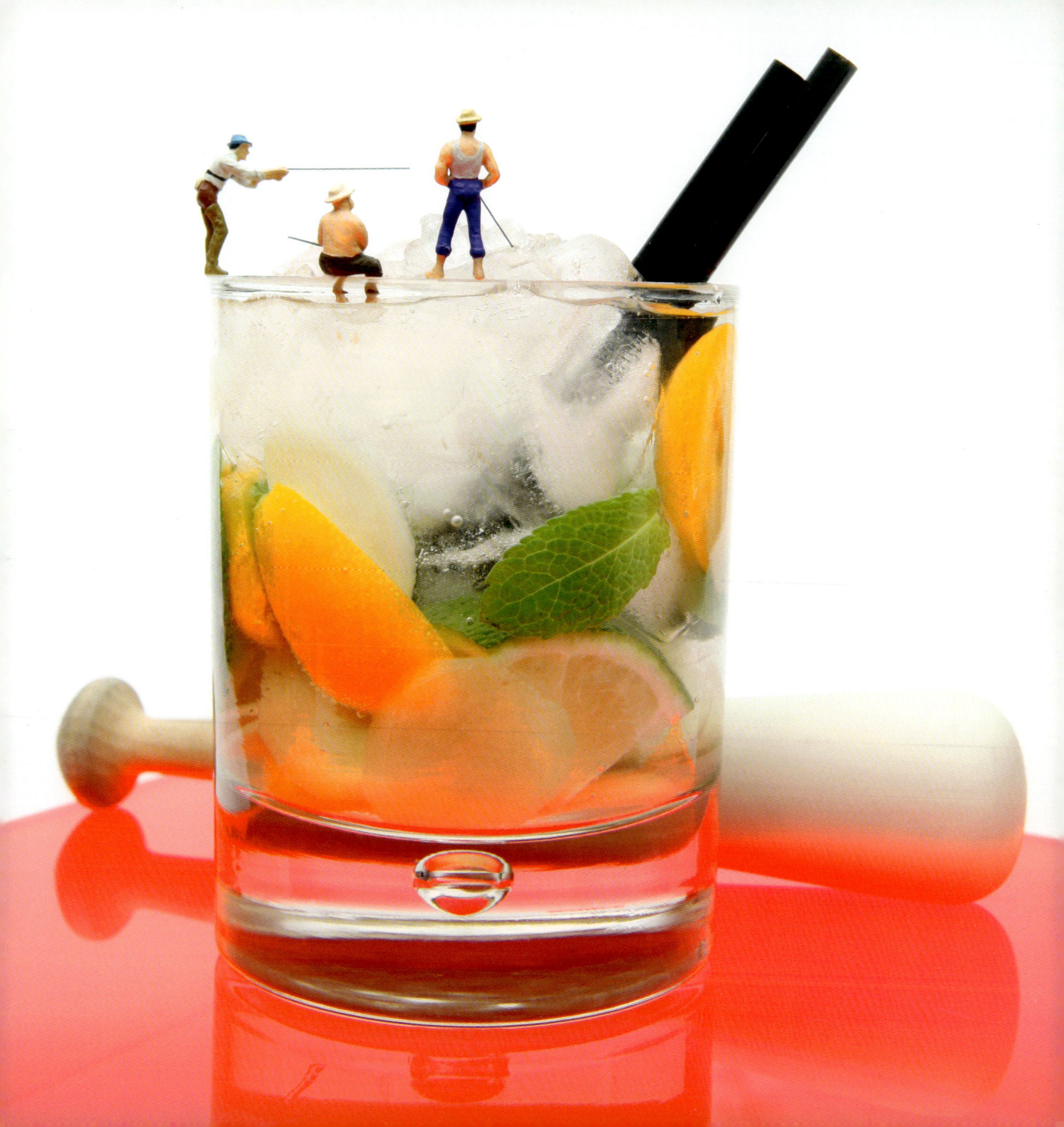

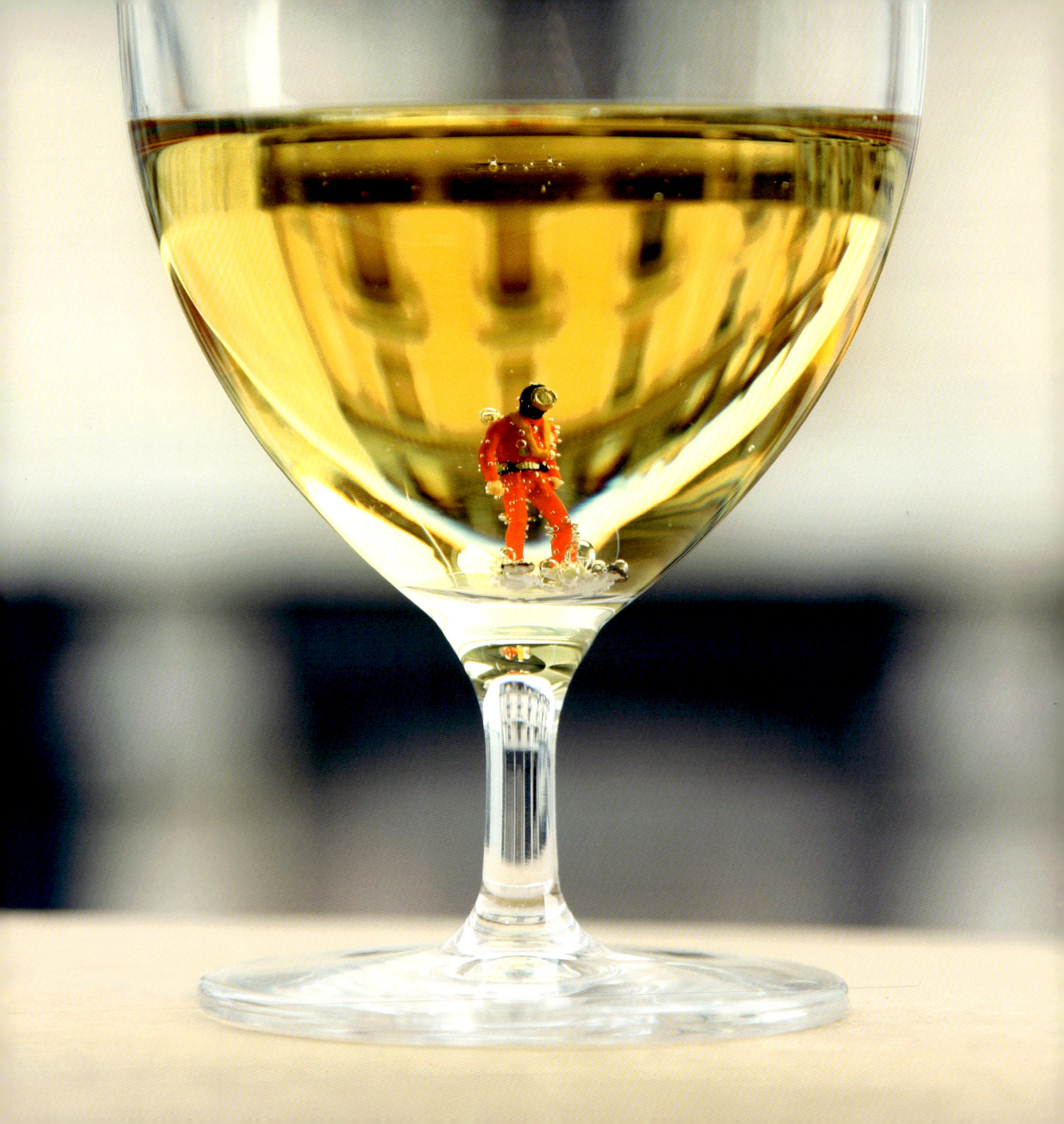

48. COCKTAIL «APPLEZELLER» AU RAMSEIER.

	1 minute	Difficulté : 1/6
	Cocktail frais	Apéritif
	5 personnes	CHF 9.-

C'EST QUOI L'IDÉE ?
Pourquoi ne pas essayer d'allier la douceur et le pétillant du jus de pommes Ramseier à la saveur amère d'un Appenzeller Alpenbitter ? C'est parti pour un nouveau Long Drink rafraîchissant ! Et puis, tant qu'on n'a pas goûté, on ne peut pas savoir si c'est bon…

INGRÉDIENTS
(Pour 5 Long drinks)

- 1 bouteille de 20 cl d'Appenzeller
- 1 litre de jus de pommes Ramseier gazéifié
- Glaçons

PROGRESSION
1. Versez 5 cl d'Appenzeller
2. Remplissez le verre avec le jus de pomme bien frais (20 cl)

LE CONSEIL DE MANU…
Essayez aussi avec de la vodka… Mais laissez le volant au retour : comme ça vous en boirez plus !

49. COSMOPOLITAN AU JUS DE FRUITS MICHEL.

5 minutes	Difficulté : 2/6
Cocktail	Soir et after…
4 personnes	CHF 18.-

C'EST QUOI L'IDÉE ?
C'est bien connu ; ce cocktail «tape» un peu. Surtout après le 3ème… Alors je vous propose d'en faire une boisson moins forte et plus désaltérante. Comme ça vous aurez toujours une conversation cohérente au bout d'1 heure…

INGRÉDIENTS
- 24 cl de jus de canneberge Michel
- 8 cl de liqueur d'orange
- 12 cl de vodka
- 4 cl de jus de citron vert
- Glaçons

PROGRESSION
1. Mesurez et placez tous les ingrédients dans un shaker avec quelques glaçons.
2. Remplissez vos verres de glaçons avec un zeste de citron vert.
3. Agitez énergétiquement votre shaker et servez aussitôt.

LE CONSEIL DE MANU…
Divisez de moitié la dose de jus de canneberge et servez sans glaçons: vous aurez ainsi la vraie recette du Long Cosmopolitan !

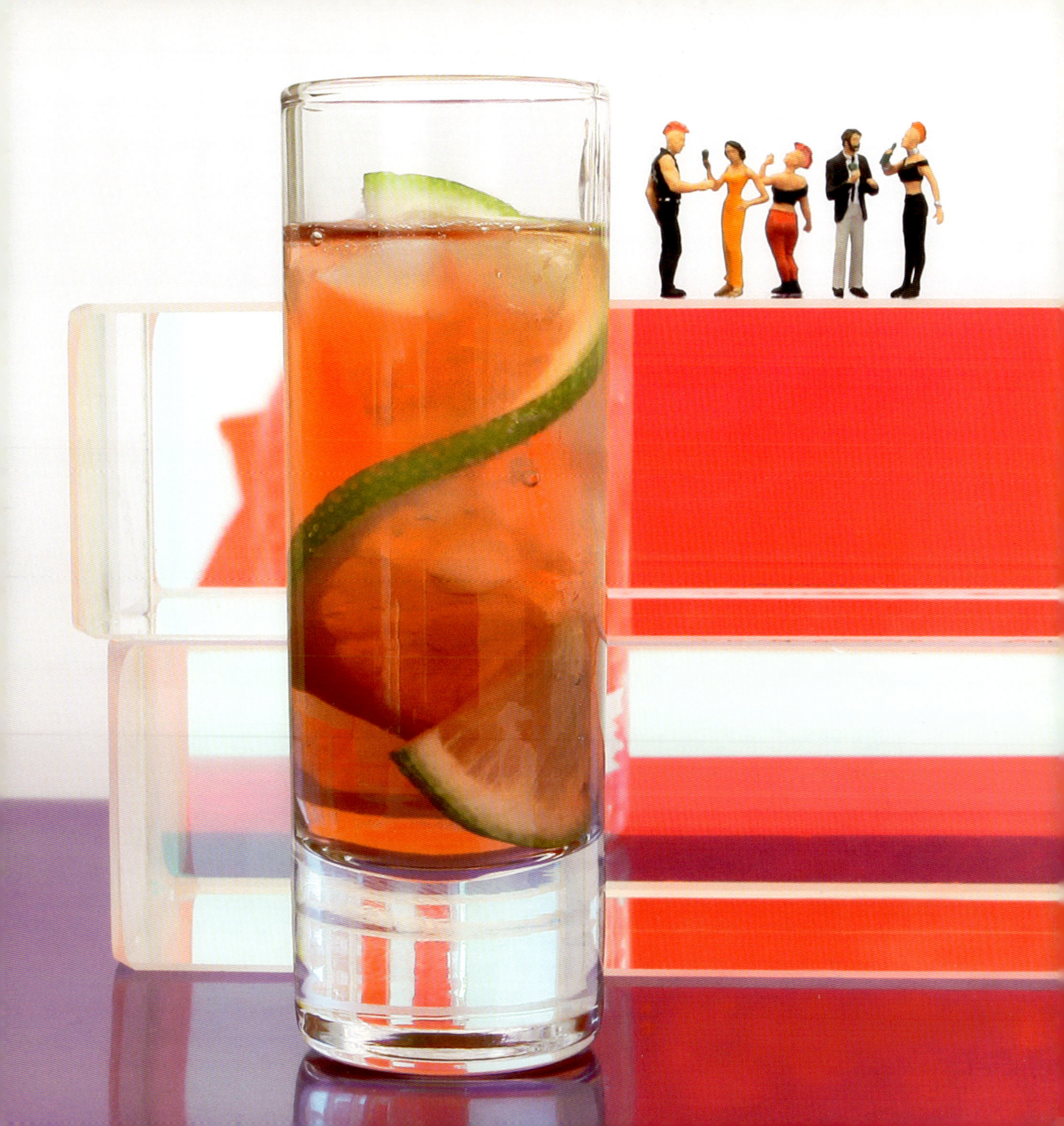

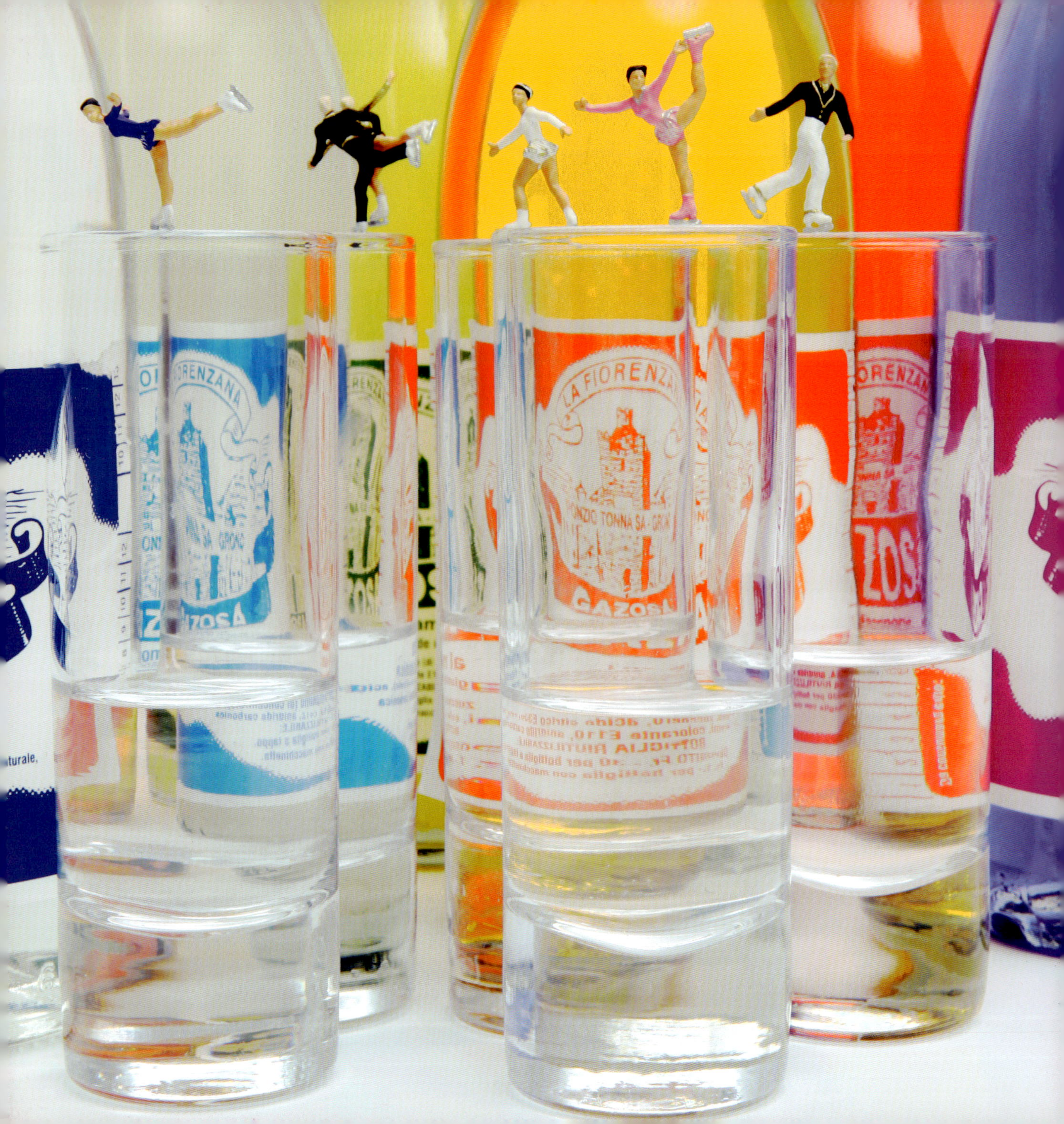
FIORENZANA
LA FIORENZA
GAZOS

50. «EL GRINGO TICINO» À LA GAZOSA.

🍲 30 minutes	Difficulté : 2/6	
🍸 Cocktail	Soir et after...	
😊 8 personnes	💰 CHF 12.-	

INGRÉDIENTS

- Limonade Gazosa
- 8 shot de 2 cl de Tequila

C'EST QUOI L'IDÉE ?

Un shot de tequila c'est bien. Mais avec différents parfums de la fameuse Gazosa c'est mieux ! Il ne vous reste plus qu'à frapper votre verre avec cette eau pétillante sucrée «made in Tessin». Bienvenue à Bellinzona. «Alla vostra salute !»

PROGRESSION

1. Mettez préalablement les verres à shot au congélateur.
2. Servez 2 cl dans chaque verre, puis remplissez au 2/3 de limonade.
3. Frappez 1 fois pour faire mousser.

LE CONSEIL DE MANU...

Au lieu de faire la tournée des bars, restez chez vous : vous pourrez en boire plus ! Mettez-vous au parfum avec la «Gazosa al limone» (au citron) ou à la mandarine, framboise ou oranges amères.

Roland
QUALITÉ & TRADITION SUISSE
Classic
DAS ORIGINAL
L'ORIGINAL
HUG
MERINGUES
Emmi
suisse
Yogourt
Heidi
VOLLMILCH
LAIT ENTIER
GAZOSA
Appenzeller
Alpenbitter
ABSINTHE
tomme
traditionnelle
nature
SCHABZIGER
NESPRESSO
Espresso Leggero
Läckerli Huus
BASLER LÄCKERLI
ORIGINAL
VALSER
CLASSIC
6
original schweizer
FASNACHTSCHÜECHLI
FASCHINGSGEBÄCK
20.03.2010
CORBIER
Halter
MELON
JUS DE POMME
NATUREL
BATONS KIRSCH
KIRSCHSTENGELI
XELLENT
SWISS
VODKA
THOMY
Meerrettich
crème
au Raifort
Hero
Delicia
FLORALP

Gerber
MOITIÉ-MOITIÉ
800g
MÖVENPICK
Ricola
Kräuterzucker
Sucre aux herbes
Zucchero alle erbe
Ovomaltine
TOBLERONE
Cailler
64%
CRÉMANT
WILLIAMINE
MORAND
Neue Rezeptur
Nouvelle recette
CHIPS WASABI
40% WENIGER FETT
Kambly
Saucisse aux choux
FELDSCHLÖSSCHEN
ORIGINAL
DAR-VIDA
Nature
6 POCKET PACKS
cremo
Double Crème
Doppelrahm
Doppia Panna
chirat
Mixed Pickles
Michel
CRANBERRY
Knorr
Stocki
Kartoffelstock
4 Portionen portions porzioni
VAL GRISCHA
Original Schweizer Bündnerfleisch
Viande suisse des Grisons originale
GALA
Nature
cenovis
GRAPILLON
TÊTE DE MOINE
SWITZERLAND
LE GRUYÈRE
SWITZERLAND
CREMO
le Parfait
ORIGINAL
Brotaufstrich mit Leber
Pâte à tartiner au foie
AMIGNE DU VALAIS

AVERTISSEMENT ! AUCUN PERSONNAGE N'A ÉTÉ MALTRAITÉ DURANT LES PHOTOS... NI MÊME MANGÉ !

CONCEPTION / RECETTES / STYLISME : EMMANUEL DELABY ALIAS «MANU THE COOK»
CONCEPTION / RÉDACTION / ÉDITION : XAVIER CASILE
PHOTOGRAPHIES : SABRINA FRIIO
MAQUETTE / EXÉCUTION : PULP.ALIBI

Je remercie tout d'abord Sabrina Friio et Xavier Casile. Ma famille : Michèle, Bernard, Annick et mon frère Alexandre pour leur soutien et leur constante disponibilité. Le Flux Laboratory et toute son équipe. Cynthia et Patrick Odier pour leur confiance. Stéphanie pour ses relectures de last-minute. Ma dream-team de catering : Eric, John, Seb, Pascal, Thierry, Carlos, Sudath et Brice. Gregory Mercier pour son enseignement. Mes fournisseurs et collaborateurs, en particulier Roland Knapp, David Paganel et Francis Tressens. Enfin, tout ceux qui apprécient les petits plats de «Manu The Cook» : les familles Friio, Velasco et Briner. Le BFAS, l'équipe de Freestudios et tous mes potes ! Ce livre est dédié à ma grand-mère tant adorée.

Pour Antoine Casile, mon petit suisse préféré. Papa.

« JE ME SUIS
MIS AU RÉGIME :
EN 14 JOURS,
J'AI PERDU
2 SEMAINES !»

Joe Lewis
Champion du monde de full-contact

© GOOD HEIDI Production
Avril 2010
Imprimé par Musumeci S.p.A., Groupe PCL, Lausanne.